Dalai Lama

LA STRADA CHE PORTA AL VERO

Come praticare la saggezza nella vita quotidiana

A cura di
Jeffrey Hopkins, Ph. D.

MONDADORI

Dello stesso autore
in edizione Mondadori

La via del buddhismo tibetano
Incontro con Gesù
L'arte della felicità
I sentieri della sapienza e dell'incanto
I consigli del cuore

con Daniel Goleman
Emozioni distruttive

Traduzione di Roberto Cagliero

www.librimondadori.it

ISBN 88-04-52657-2

Traduzione dal tibetano in inglese di Jeffrey Hopkins, Ph. D.

Titolo dell'opera originale: How to Practice
I edizione ottobre 2004

Indice

Prefazione

Ho assistito per la prima volta a una lezione di Sua Santità il Dalai Lama nel 1972. Tre giorni dopo il mio arrivo a Dharamsala, nell'India settentrionale, egli tenne la prima di un ciclo di sedici conferenze, ognuna delle quali durava dalle quattro alle sei ore, sulle fasi della via verso l'illuminazione. Avevo cominciato a studiare il tibetano e a praticare il buddhismo tibetano nel 1962 e i miei insegnanti, particolarmente abili nel cogliere le sottigliezze dei commentari sull'argomento, mi avevano preparato ad affrontare gli studi con i maestri yogi del Tibet rifugiatisi in India. A dire il vero non pensavo che una reincarnazione con approvazione governativa – nato nel Tibet nordorientale nel 1935, il quattordicesimo Dalai Lama viene riconosciuto tale all'età di due anni, in seguito a profezie, visioni, eventi straordinari e varie prove – avrebbe potuto rispondere alle attese che suscitava in tutto il mondo.

E, invece, rimasi stupefatto.

Sua Santità affrontò una grande quantità di argomenti riguardanti la via verso l'illuminazione, avvincendomi sul piano sia intellettuale sia emotivo con concetti, ora estesi ora limitati, che chiarivano questioni rimaste a lungo irrisolte, soffermandosi su altri ancora e aprendomi la via a nuovi orizzonti di conoscenza.

In tibetano il Dalai Lama parla con tale velocità e chiarezza che mai avrei potuto distrarmi. Una volta, nel descrivere le riflessioni che generano la compassione, divenne particolarmente ispirato. La sua voce salì così tanto di tono che lui stesso la definì scherzosamente «voce da capra», e in essa colsi l'ispirazione assorta del poeta. Nel corso di quel ciclo di conferenze presentò l'intero sentiero che, attraverso una serie di pratiche, conduce all'illuminazione, trattando insieme temi che altri considerano separatamente, e per di più con la profondità di un filosofo. Quella doppia voce di filosofo e di poeta rivive in questo libro, talvolta toccando il cuore con descrizioni commoventi della condizione dell'esistenza e della magnificenza dell'altruismo, talaltra stabilendo accorte distinzioni riguardo a pratiche profonde, come la meditazione sulla vacuità, che servono da nutrimento per anni di contemplazione.

All'età di cinque anni il Dalai Lama fu portato a Lhasa, la capitale del Tibet, e sottoposto al programma completo di addestramento monastico. Nel 1950, quando aveva sedici anni, in seguito all'invasione del Tibet orientale da parte della Cina comunista, dovette improvvisamente assumere la guida del governo tibetano. Tentò di collaborare con gli invasori ma, nel momento in cui la sua vita apparve veramente in pericolo, fu costretto a fuggire in India. Era il 1959. Durante l'esilio è riuscito a fondare vari centri che mantengono viva la grande ricchezza della cultura tibetana. Ha viaggiato moltissimo, in tutto il mondo, predicando – non soltanto ai buddhisti e ai fedeli di altre religioni, ma a ognuno di noi – l'importanza della gentilezza in quanto elemento basilare della società. Come riconoscimento del suo impegno incessante a favore dei tibetani e di tutti i popoli, ha ricevuto nel 1989 il premio Nobel per la pace.

Sua Santità ha pubblicato molti libri, alcuni indirizzati a un vasto pubblico, altri a coloro che hanno un interesse specifico per il buddhismo. In questo volume si avvale della lunga tradizione spirituale tibetana, e della sua esperienza personale, per offrire suggerimenti sulla pratica della via spirituale che conduce alla chiarezza mentale e alla trasformazione emotiva. In questo modo indica come sia possibile raggiungere una vita piena.

Nei trent'anni in cui l'ho frequentato e nei dieci in cui sono stato il suo interprete principale, in occasione di cicli di conferenze negli Stati Uniti, in Canada, in Indonesia, a Singapore, in Malesia, in Australia, in Gran Bretagna e in Svizzera, ho potuto constatare di persona come viva queste pratiche nel più profondo del suo essere. Per noi è importante riconoscere che una persona così intuitiva, compassionevole, spiritosa e straordinaria provenga dalla cultura tibetana, che dobbiamo considerare una delle grandi meraviglie del mondo.

Jeffrey Hopkins
Professore di Studi tibetani
University of Virginia, Stati Uniti

La strada che porta al vero

Introduzione

Il bisogno di pace e gentilezza

Viaggio in molte parti del mondo e quando parlo alla gente lo faccio come se fossi un membro della loro famiglia. Tratto ognuno come un amico, anche se è la prima volta che ci incontriamo. In realtà ci conosciamo già profondamente, in quanto esseri umani che condividono gli stessi obiettivi di fondo: noi tutti aspiriamo alla felicità e rifuggiamo la sofferenza.

Le due strade verso la felicità

Due sono le strade per ottenere la felicità. La prima è esteriore. Procurandoci un'abitazione migliore, abiti e amici migliori, raggiungiamo in una certa misura felicità e soddisfazione. La seconda passa attraverso lo sviluppo mentale, che assicura la felicità interiore. Tuttavia, questi due approcci non sono equivalenti. La felicità esteriore non può durare a lungo senza la sua controparte. Se nel tuo orizzonte manca qualcosa – se ti manca qualcosa nel cuore – per quanto tu sia circondato da ricchezze, non sarai felice. Se invece hai raggiunto la pace mentale, puoi trovare la felicità anche nelle circostanze più difficili.

I miglioramenti materiali, di per sé, possono risolvere alcuni problemi ma ne creano altri. Ci sono ad esempio persone che hanno acquisito ricchezze, una buona istruzione e una importante posizione sociale ma, nonostante questo, non riescono a raggiungere la felicità. Prendono pastiglie per dormire e fanno abuso di alcol. In loro permane sempre un certo grado di insoddisfazione, e allora cercano rifugio nella bottiglia o nelle droghe. Viceversa, ci sono persone che pur possedendo poco denaro vivono più serenamente. Di notte dormono bene. Nonostante la povertà materiale, sono felici e contente. Questo mostra l'importanza di un buon atteggiamento mentale. Da solo, il miglioramento sul piano materiale non è in grado di risolvere completamente il problema della sofferenza dell'umanità.

In questo libro offro a te, lettore, tecniche tratte da varie tradizioni tibetane che, praticate quotidianamente, portano alla pace mentale. Calmando la mente e il cuore, l'ansia e le preoccupazioni diminuiscono naturalmente, lasciando spazio a una maggiore felicità. I rapporti con gli altri beneficieranno di questi cambiamenti. Se sarai un essere umano migliore, sarai anche un cittadino migliore del tuo paese, e quindi un cittadino migliore del mondo.

La gentilezza

Ognuno di noi nasce privo di difese. Senza la gentilezza di un genitore non potremmo sopravvivere né tanto meno crescere bene. Quando i bambini vivono in una condizione di paura costante, senza un punto d'appoggio, soffrono per tutta la vita. Poiché i bambini piccoli hanno una mente molto sensibile, in loro il bisogno di gentilezza è particolarmente accentuato.

Anche gli esseri umani adulti hanno bisogno di gentilezza. Se qualcuno mi accoglie con un bel sorriso, esprimendo un atteggiamento sinceramente amichevole, gliene sono estremamente grato. Anche se si tratta di persone che non conosco, e la cui lingua mi è ignota, la loro cordialità mi apre immediatamente il cuore. D'altro canto, avverto subito la mancanza di gentilezza, che riscontro anche in persone appartenenti alla mia stessa cultura e che conosco da anni. La gentilezza e l'amore, il sentirsi veramente tra fratelli e sorelle, sono estremamente preziosi. Rendono possibile la convivenza e svolgono, dunque, un ruolo cruciale all'interno della società.

Il potenziale umano

Ognuno di noi possiede una concezione ben definita del proprio sé, dell'«io». Inoltre condividiamo obiettivi comuni: aspiriamo alla felicità e rifuggiamo la sofferenza. Anche gli animali ricercano la felicità e rifuggono la sofferenza, ma non possiedono capacità specifiche per pensare a come conseguire una felicità più profonda o a come superare il dolore. Essendo dotati della facoltà del pensiero, noi esseri umani abbiamo un maggiore potenziale e dobbiamo usarlo.

A tutti i livelli – come individui o membri di una famiglia, di una comunità, di una nazione e di un pianeta – gli avversari più pericolosi che dobbiamo fronteggiare sono la rabbia e l'egoismo. L'egoismo al quale faccio qui riferimento non è la consapevolezza di sé, ma un'attenzione esagerata verso se stessi. Inoltre, nessuno può dirsi felice quando è arrabbiato. Finché la rabbia domina il nostro animo, una felicità duratura è impossibile. Per conseguire pace, tranquillità e un autentico senso di fratellanza, dobbiamo ridurre al minimo la rabbia e coltivare gentilezza e cordialità. Si può arrivare a tutto ciò grazie alle pratiche che descriverò in questo libro.

Coltivando un atteggiamento di cordialità possiamo trasformare anche gli altri. Se diventiamo esseri umani più buoni, i nostri genitori, nostra moglie o nostro marito, i nostri figli, i nostri vicini e amici saranno meno inclini alla rabbia. Diventeranno più cordiali, compassionevoli e armoniosi. L'ambiente intorno a noi sarà più sereno, il che favorirà la buona salute e forse una vita più lunga.

Si può essere ricchi, potenti e colti ma, senza l'influsso benefico della felicità e della compassione, non avremo la pace in noi né in famiglia, e di questo soffriranno anche i bambini. La gentilezza è essenziale per la pace mentale. Come vedrete nelle prossime pagine, il metodo fondamentale per avere una vita felice consiste nell'addestrare la mente con una pratica quotidiana che indebolisce gli atteggiamenti negativi e rafforza quelli positivi.

La questione fondamentale è se siamo o meno in grado di praticare la gentilezza e la pace. Molti dei nostri problemi sorgono da comportamenti come il voler primeggiare a tutti i costi. So per esperienza diretta che è possibile mutare tali comportamenti errati e migliorare la nostra mente. Benché sia priva di forma e di colore, e talvolta si dimostri debole, essa può diventare più forte dell'acciaio. Per addestrarla, occorre esercitare la pazienza e la determinazione necessarie a forgiare quell'acciaio. Se si fa pratica con forte volontà e grande perseveranza, senza desistere di fronte alle molte difficoltà iniziali, si finirà per avere successo. Con la pazienza, la pratica e il tempo, i cambiamenti arriveranno.

Non cedere. Se sei pessimista fin dall'inizio, non ce la farai di certo. Se sei fiducioso e ottimista, in qualche misura il successo ti arriderà. Non è importante vincere la medaglia d'oro, ma fare del proprio meglio.

Interdipendenza

Gran parte del mondo è ormai collegata da una rete elettronica di comunicazione e di informazioni in tempo reale. Nel XXI secolo l'economia globale ha reso le nazioni e i loro popoli fortemente dipendenti gli uni dagli altri. Nei tempi antichi i rapporti tra gli stati non erano essenziali. Oggi è impossibile rimanere isolati e se le nazioni non esercitano tra loro un rispetto reciproco, è inevitabile che sorgano problemi. Sebbene vi siano segnali di grave tensione tra i paesi più ricchi e quelli più poveri, e tra i ceti più ricchi e quelli più poveri di uno stesso paese, tali spaccature economiche possono essere ricomposte grazie a un rafforzamento del senso di interdipendenza e di responsabilità globale. Ogni popolo deve considerare i popoli delle altre nazioni come fratelli e sorelle che meritano di veder progredire la propria patria.

Nonostante i notevoli sforzi compiuti dai leader di tutto il mondo, le crisi continuano a scoppiare. Le guerre uccidono persone innocenti; anziani e bambini muoiono in continuazione. Molti soldati non vanno in guerra volontariamente e provano per questo una profonda sofferenza, il che è molto triste. Le armi – migliaia e migliaia di tipi di armamenti e di munizioni – vendute dai produttori dei grandi paesi alimentano la violenza, ma più pericolosa dei fucili e delle bombe è la mancanza di compassione e di rispetto per i diritti degli altri. Finché l'odio continua ad albergare nella mente umana, una pace reale è impossibile.

Dobbiamo fare tutto il possibile per fermare la guerra e liberare il mondo dalle armi nucleari. Quando visitai Hiroshima, la città su cui è stata sganciata la prima bomba atomica, e vidi il punto preciso in cui avvenne la deflagrazione e ascoltai le storie dei sopravvissuti, ne fui toccato nel profondo del cuore. Quante persone morirono in un singolo istante! E quante rimasero ferite! Quanto dolore e quanta desolazione crea una guerra nucleare! Eppure, guardate quanto denaro viene speso per le armi di distruzione di massa. È terribile, si tratta di una vergogna di proporzioni inaudite.

I progressi della scienza e della tecnologia sono stati per l'umanità un grande beneficio, per il quale però paghiamo un prezzo. Facciamo un esempio: se da una parte godiamo dei vantaggi derivati dalla costruzione dei jet, che facilitano gli spostamenti in tutto il mondo, dall'altra dobbiamo convivere con armi altamente distruttive. Ci sono persone che, per quanto meravigliosa o apparentemente lontana da ogni pericolo sia la loro terra nativa, vivono nel costante timore di una minaccia assolutamente reale: migliaia e migliaia di testate nucleari pronte a un attacco. Ma il bottone deve essere pur premuto da qualcuno e quindi, in ultima istanza, la vera responsabile è l'intenzione dell'uomo.

C'è un unico modo per conquistare una pace duratura: coltivare la fiducia reciproca, il rispetto, l'amore e la gentilezza. È l'unica maniera. I tentativi delle potenze globali di dominarsi a vicenda con la corsa alle armi – nucleari, chimiche, biologiche o convenzionali che siano – sono controproducenti. Come può un mondo pieno d'odio e di rabbia conquistare una pace vera? Senza la pace interiore non è possibile la pace esteriore. Pur essendo un nobile intento cercare di pervenire a soluzioni materiali, esse non potranno avere successo finché nella mente delle persone continueranno a regnare l'odio e la rabbia. È da qui che deve partire un mutamento profondo. Dobbiamo lavorare individualmente per cambiare l'orizzonte entro il quale prende forma il nostro sentire. E lo possiamo fare soltanto grazie a un addestramento, affidandoci a una pratica che ha l'obiettivo di riorientare gradualmente il modo in cui percepiamo noi stessi e gli altri.

Le condizioni disperate in cui versa il mondo richiedono il nostro intervento. Ognuno di noi ha il dovere di aiutare i propri simili a soddisfare i bisogni più elementari. Sfortunatamente tali necessità sono troppo spesso sacrificate in favore dell'ideologia. Si tratta evidentemente di un errore. I sistemi politici dovrebbero infatti arrecare benefici agli esseri umani e invece, proprio come avviene per il denaro, anziché operare al nostro servizio a volte ci controllano. Se, con tolleranza e animo ben disposto, prestiamo ascolto al punto di vista degli altri e scambiamo con loro idee discutendo in tutta tranquillità, troveremo molti punti sui quali concordare. È nostro dovere, per amore e per compassione nei confronti dell'umanità, fare sì che si realizzi l'armonia tra le nazioni, le ideologie, le culture, i gruppi etnici e i sistemi politico-economici. Se riconosciamo effettivamente l'unità di tutto il genere umano, le nostre motivazioni per ricercare la pace si rafforzeranno. Tutti noi siamo fratelli e sorelle, nel senso più profondo, e dobbiamo quindi condividere le sofferenze dell'altro. Il rispetto reciproco, la fiducia e l'attenzione per il benessere altrui sono le migliori premesse per una pace mondiale duratura.

Naturalmente i capi di stato hanno una particolare responsabilità in quest'ambito, ma ogni individuo, indipendentemente dal credo religioso, deve a sua volta prendere l'iniziativa. Siamo cittadini di questo pianeta, per il semplice fatto di essere umani e di ricercare la felicità evitando al contempo la sofferenza. Quindi, tutti noi abbiamo il dovere di costruire un futuro migliore.

Se vuoi coltivare un atteggiamento amichevole, il rispetto per i diritti degli altri e l'attenzione per il loro benessere, se vuoi aprire il tuo cuore, devi addestrare la mente. In questo libro presenterò una serie di pratiche desunte dalle tradizioni tibetane che si riveleranno utili a tale scopo. L'obiettivo essenziale della pratica quotidiana consiste nel coltivare un atteggiamento di compassione e di calma – uno stato mentale assolutamente indispensabile nell'attuale società umana, poiché ha il potere di creare un'armonia sincera tra nazioni, razze e individui che appartengono a sistemi religiosi, politici ed economici diversi.

Creare l'armonia

L'armonia e l'amicizia di cui abbiamo bisogno in famiglia, nelle nazioni e nel mondo, possono essere ottenute soltanto con la compassione e la gentilezza. Aiutandoci a vicenda, con attenzione e rispetto, possiamo risolvere facilmente molti problemi. L'armonia non può fiorire in un clima di sfiducia, di inganno, di arroganza e di velenosa competitività. Se ottenuto con l'intimidazione e con la violenza, il successo è, nella migliore delle ipotesi, effimero; produce vantaggi insignificanti che inevitabilmente generano nuovi problemi. È per questo motivo che, appena un paio di decenni dopo la fine dell'immane tragedia della prima guerra mondiale, si combatté la seconda, durante la quale ancora una volta furono uccisi milioni di esseri umani. Se analizziamo la nostra lunga storia di odio e di rabbia, comprenderemo l'assoluta necessità di trovare una strada migliore. Potremo risolvere i nostri problemi se non ci limiteremo a pronunciare parole di pace, ma avremo una mente e un cuore pacifici. Costruiremo così un mondo migliore.

È possibile? I litigi, l'inganno e l'arroganza ci hanno intrappolato nella nostra attuale situazione; per trovare una via d'uscita dobbiamo addestrarci a pratiche nuove. Per quanto possa sembrare arduo e idealistico, non abbiamo alternative alla compassione, al riconoscimento del valore degli uomini e dell'unità del genere umano: è questo l'unico modo per accedere a una felicità duratura.

Negli spostamenti da un paese all'altro, questo senso di unità mi accompagna sempre. Poiché addestro la mia mente da decenni, non avverto barriere quando incontro persone che appartengono a culture diverse. Sono convinto che, nonostante le differenze tra le varie culture e i vari sistemi politico-economici, siamo tutti fondamentalmente uguali. Più incontro gente e più mi convinco che l'unità del genere umano, costruita sulla comprensione e sul rispetto, sia la base più concreta su cui fondare il nostro comportamento, l'unica via percorribile. Dovunque mi rechi, è di questo che parlo. Credo che la pratica della compassione e dell'amore – un sincero senso di fratellanza con uomini e donne – sia la religione universale. Non importa che siate buddhisti o cristiani, musulmani o indù, o appartenenti a qualsiasi altra religione. Importa il sentimento di unione con tutta l'umanità.

Siete d'accordo? Pensate che tutto ciò sia privo di senso? Non sono un Dio-re, come qualcuno mi chiama. Sono soltanto un monaco buddhista. Quello che affermo deriva dalla mia esperienza, che è limitata. Ciò nonostante cerco di mettere in atto queste idee nella vita di ogni giorno, soprattutto quando mi trovo ad affrontare dei problemi. A volte, naturalmente, fallisco. A volte mi irrito. Di tanto in tanto ricorro a una parola dura ma, quando lo faccio, sento immediatamente di avere commesso un errore. Lo sento perché ho interiorizzato le pratiche della compassione e della saggezza che costituiscono il nucleo di questo libro. Nella mia vita, queste pratiche quotidiane risultano estremamente utili e valide. Quindi, sapendo che siamo simili nella mente e nel cuore, desidero condividerle con voi.

❖ ❖ ❖

Quando avevo appena quindici anni, la Cina comunista invase il Tibet orientale e, nel giro di un anno, il governo tibetano decise che avrei dovuto occuparmi degli affari di Stato della mia patria. Fu un periodo difficile, durante il quale vedemmo le nostre libertà sgretolarsi, e nel 1959 fui costretto a fuggire dalla capitale con il favore delle tenebre. Una volta in esilio, in India, dovemmo fronteggiare quotidianamente difficoltà di ogni genere, dalla necessità di abituarsi a un clima completamente diverso a quella di rimettere in funzione le istituzioni culturali. La pratica spirituale mi fornì un punto di vista grazie al quale cercavo di risolvere i problemi senza dimenticare il fatto che pur essendo noi esseri umani fuorviati da idee sbagliate siamo uniti da legami comuni e disposti a migliorare.

Ciò mi ha insegnato che lo stato d'animo della compassione, della calma e dell'intuizione è essenziale alla vita quotidiana e deve essere coltivato nella pratica di tutti i giorni. Ognuno di noi dovrà prima o poi affrontare dei problemi ed è quindi fondamentale coltivare l'atteggiamento più consono. La rabbia riduce la capacità di discernere ciò che è giusto da ciò che non lo è, facoltà, questa, tra le più elevate degli esseri umani. Se la perdiamo siamo perduti. A volte è necessario reagire con determinazione, ma lo si può fare senza rabbia. La rabbia non è necessaria. È inutile.

Considero la compassione la materia prima globale. Gli esseri umani aspirano alla felicità e rifuggono la sofferenza. La pace mentale è un bisogno fondamentale di tutta l'umanità. Per gli uomini politici, gli ingegneri, gli scienziati, i muratori, i dottori, gli insegnanti, gli avvocati, per tutti, e in qualsiasi situazione, uno stato d'animo equilibrato e compassionevole è il fondamento della crescita spirituale.

Visione complessiva del volume

Nei capitoli che seguono descriverò tecniche buddhiste utili per raggiungere la pace mentale e diventare più compassionevoli, il tutto nel contesto di un lavoro atto a superare quelle che i buddhisti considerano concezioni erronee dell'esistenza degli esseri e delle cose. In termini buddhisti, questa è la strada verso l'illuminazione. Tuttavia, chiunque può ricorrere alle attività che ritiene più adatte per conseguire un miglioramento.

Ho diviso il presente volume in sei parti. La prima si intitola *Elementi di base* e in essa espongo la storia della vita di Buddha, che rappresenta un modello per raggiungere una vita piena; qui introduco i tre aspetti della pratica spirituale – l'etica, la meditazione concentrata e la saggezza – che costituiscono i temi principali del volume. Nella seconda parte, *La pratica dell'etica,* descrivo come riorientare le azioni fisiche e verbali in modo da non arrecare danno al prossimo e coltivare un più profondo interesse per gli altri. Nella terza parte, *La pratica della meditazione concentrata,* spiego come arrivare alla focalizzazione mentale e conservare la calma in situazioni difficili. Segue poi *Praticare la saggezza,* che affronta l'argomento difficile ma fecondo dell'origine-dipendente e della vacuità. Qui si entra nel profondo del pensiero buddhista, prendendo in considerazione la differenza tra la mente e la sua natura ultima. In questa quarta parte, allorché affronterò il discorso dell'armonia tra apparenza e realtà, mi auguro di sgomberare il campo dall'idea che il buddhismo abbia un punto di vista nichilistico o pessimistico.

Le riflessioni sull'etica, sulla meditazione concentrata e sulla saggezza confluiscono nella quinta parte, *Il Tantra,* che presenta una pratica yoga specifica nella quale si combinano i tre elementi appena citati. In quella sezione spiego anche come i praticanti più esperti possano servirsi del desiderio all'interno del cammino spirituale.

La parte finale, *Passi lungo il sentiero,* ripercorre tutte le tappe del percorso di pratica dagli inizi fino all'illuminazione, uno stato nel quale mente e corpo sono pienamente sviluppati per porsi al servizio degli altri.

Obiettivo centrale di questo libro è illustrare il metodo per coltivare un cuore e una mente buoni mediante un comportamento etico e una comprensione autentica della realtà, disposizione che deve essere rafforzata con la concentrazione. Pensate all'etica, alla meditazione concentrata e alla saggezza come a un progetto che porta all'illuminazione, il che ci ricorda qual è lo scopo supremo della pratica: una trasformazione del nostro atteggiamento in direzione della pace, della compassione, della quiete concentrata e della saggezza. Capire il progetto è di per sé parte del percorso, e ci avvicina alla meta. Mi auguro che questo libro possa esservi d'aiuto ma, se anche così non fosse… non è certo questo l'importante!

Parte prima

Elementi di base

I

Tre modi di praticare

L'illuminazione di Buddha come modello

Secondo alcune scuole buddhiste, Shakyamuni Buddha divenne illuminato nell'India del VI secolo a.C., grazie alla pratica del sentiero. Altre scuole ritengono tuttavia che il Shakyamuni Buddha abbia raggiunto l'illuminazione molto prima e che nella sua incarnazione del VI secolo a.C. stesse semplicemente indicando la via da lui percorsa. In Tibet, dove sosteniamo questa seconda ipotesi, i seguaci apprendono dal suo esempio come praticare per raggiungere a loro volta l'illuminazione.

In entrambi i casi, dobbiamo notare che:

- Essendo un principe e appartenendo a una famiglia reale dell'India, Shakyamuni Buddha era destinato a una vita di piaceri. Ma all'età di ventinove anni, vedendo la sofferenza del mondo, rinunciò alla sua posizione di privilegio, si tagliò i capelli, lasciò la famiglia e abbracciò l'*etica* monastica, adottando un sistema di comportamento etico.
- Nei sei anni successivi si dedicò alla meditazione ascetica allo scopo di acquisire la *meditazione concentrata.*
- Poi, ai piedi dell'albero Bodhi a Bodh Gaya, praticò tecniche specifiche per sviluppare la *saggezza*, e raggiunse l'illuminazione. Insegnò per i successivi quarantacinque anni, morendo all'età di ottantuno.

Nella storia della vita di Buddha vediamo esemplificate le tre fasi della pratica: dapprima l'etica, poi la meditazione concentrata e infine la saggezza. E osserviamo che percorrere quel sentiero richiede molto tempo.

Un cambiamento graduale

Lo sviluppo della mente dipende da numerosissime cause e condizioni interne, così come una stazione spaziale dipende dal lavoro di generazioni di scienziati che ne hanno analizzato e sperimentato anche le più piccole componenti. In un solo giorno non è possibile realizzare né una stazione spaziale né una mente illuminata. Allo stesso modo, le qualità spirituali si sviluppano seguendo svariati percorsi. A differenza della stazione spaziale, però, costruita da molte persone che lavorano insieme, la mente va coltivata in solitudine. È impossibile che siano altri a svolgere il lavoro e che tu ne raccolga poi i frutti. Seguire il percorso di sviluppo mentale di un altro non significa potersi avvalere dei suoi risultati. Devi arrivarci da solo.

Coltivare un atteggiamento di compassione e di saggezza è un processo lento. Via via che interiorizzi le tecniche per coltivare l'etica, la concentrazione mentale e la saggezza, gli stati mentali incontrollati diventano sempre meno frequenti. Dovrai praticare queste tecniche giorno dopo giorno, anno dopo anno. Trasformando la mente, trasformerai ciò che ti circonda. Altri, vedendo in te i benefici della pratica della tolleranza e dell'amore, si metteranno al lavoro per trasferire quelle pratiche nella loro esistenza.

Le tre pratiche

Gli insegnamenti di Buddha sono divisi in tre raccolte di scritture:

- La disciplina dell'etica.
- I discorsi sulla meditazione concentrata.

- La conoscenza manifesta che illustra come ci si addestra alla saggezza.

In ognuna di queste scritture, la pratica principale è descritta come una condizione straordinaria, che nasce dall'unione di 1) «calma dimorante» (meditazione concentrata) e 2) «visione speciale» (saggezza). Ma per giungere a una tale unione, dobbiamo prima gettarne il fondamento: l'etica.

L'ordine della pratica

L'etica, la meditazione concentrata e la saggezza: è questo l'ordine essenziale della pratica. Le ragioni sono le seguenti:

- Perché la saggezza della visione speciale possa rimuovere gli ostacoli che impediscono una giusta comprensione ed eliminare alla radice gli stati mentali erronei, abbiamo bisogno della meditazione concentrata, uno stato di assoluta concentrazione mentale su un unico punto, in cui tutte le distrazioni interne siano state eliminate. Altrimenti la mente rischierebbe di disperdersi. Senza la meditazione concentrata su un singolo punto, la saggezza non ha forza, così come la fiamma di una candela mossa dal vento non può offrire una buona illuminazione. La meditazione concentrata deve dunque precedere la saggezza.
- La meditazione su un singolo punto implica la rimozione di distrazioni interiori, come un eccesso di rilassatezza o di tensione della mente. A questo scopo dobbiamo prima liberarci dalle distrazioni esteriori, addestrandoci a una forma di etica che consiste nello sviluppare la coscienza delle nostre azioni fisiche e verbali, ossia nell'essere costantemente consapevoli di quello che stiamo facendo con il corpo e con la parola. Se non si superano queste distrazioni più evidenti, è impossibile superare

quelle interiori, che sono più sottili. Poiché è coltivando la consapevolezza che si ottiene una calma dimorante della mente, la pratica dell'etica deve precedere quella della meditazione concentrata.

Nel mio caso, il fatto di avere preso i voti da monaco mi distoglieva da interessi e attività esteriori, il che mi diede la possibilità di concentrarmi maggiormente sugli studi spirituali. I voti di astensione da azioni fisiche e verbali controproducenti mi resero attento al mio comportamento, portandomi a indagare su quanto stava accadendo nella mia mente. Ciò significava che anche quando non stavo praticando la meditazione concentrata, dovevo impedire alla mente di disperdersi, cosicché ero costantemente spinto nella direzione della meditazione interiore su un unico punto. Il voto dell'etica mi ha fornito certamente una buona base.

A ben vedere, ognuna delle tre pratiche – etica, meditazione concentrata e saggezza – funge da base per quella successiva (tale ordine della pratica è evidente nella storia della vita di Buddha). Ogni progresso spirituale dipende dunque da un corretto fondamento etico.

Parte seconda

La pratica dell'etica

II

Identificare le varie forme della sofferenza

Visione complessiva dei tipi di etica

Il principio essenziale dell'etica buddhista è quello di aiutare gli altri e, se ciò non è possibile, di non arrecare loro danno. Nei tre tipi di etica del buddhismo questo impegno fondamentale a favore della non violenza è di centrale importanza:

- L'etica della liberazione individuale (oggetto di questo capitolo) si pratica soprattutto astenendosi da azioni fisiche e verbali che arrechino danni. Tale pratica è detta «individuale» poiché fornisce all'individuo una preparazione per liberarci dalla ripetizione del ciclo di nascita, invecchiamento, malattia e morte, che i buddhisti chiamano esistenza ciclica (o *samsara*).
- L'etica dell'attenzione per gli altri – chiamata «etica dei Bodhisattva» (esseri che si occupano primariamente di aiutare il prossimo) – si pratica soprattutto impedendo alla mente di cadere nell'egoismo. Per coloro che la praticano, l'elemento essenziale consiste nell'astenersi dall'autocompiacimento, ma anche dal compiere fisicamente e verbalmente azioni dannose.
- L'etica del Tantra si articola in tecniche speciali volte a visualizzare uno stato fisico e mentale pienamente sviluppato che consenta di aiutare gli altri in modo efficace. Prevede una tecnica finalizzata al controllo di sé, grazie

alla quale possiamo superare la percezione limitata che abbiamo del nostro corpo e della nostra mente e sentirci splendenti di saggezza e di compassione.

L'etica della liberazione individuale

La pratica dell'etica della liberazione individuale richiede quella consapevolezza di sé indispensabile per astenersi da azioni fisiche e verbali che arrechino danno agli altri. Ciò significa abbandonare quelle che i buddhisti chiamano le dieci non-virtù. Esse sono divise in tre categorie. Quelle fisiche comprendono l'omicidio, il furto e l'adulterio. Quelle verbali sono la menzogna, la maldicenza, l'ingiuria e il pettegolezzo. Quelle mentali sono l'invidia, la volontà di nuocere e le concezioni sbagliate.

Poiché la motivazione precede e guida l'azione, controllarla è il modo migliore per prevenire azioni fisiche e verbali impulsive e potenzialmente offensive. Quando improvvisamente vuoi qualcosa e ti precipiti a prenderlo senza valutare le conseguenze, il tuo desiderio si esprime impulsivamente, senza il beneficio della riflessione. Nella pratica quotidiana impari a esaminare continuamente le tue motivazioni.

Quando ero ragazzo, Ling Rinpoche, il mio educatore, era sempre molto severo; non sorrideva mai, nemmeno un poco. La cosa mi dava grande fastidio. Chiedendomi perché fosse così privo di senso dell'umorismo, dentro di me esaminavo sempre di più quanto stavo facendo. Questo mi aiutò a rendermi consapevole delle mie motivazioni. Poco dopo il mio ventesimo compleanno, quando avevo ormai raggiunto la maturità, Ling Rinpoche cambiò completamente; in mia presenza aveva sempre un grande sorriso sulle labbra.

Una pratica efficace dell'etica della liberazione individuale dipende da motivazioni sincere e durature. Non si deve, ad esempio, diventare monaci o suore per evitare di dovere svolgere un lavoro che permetta di acquistare cibo e vestiti. Essere motivati da propositi così futili non aiuta a liberarci dall'esistenza ciclica, ragione ultima, questa, per praticare l'etica della liberazione individuale.

Ciò è confermato dalla storia di Buddha. Un giorno Shakyamuni si allontanò furtivamente dal palazzo per fare esperienza diretta della vita. Per la prima volta vide un malato, un anziano e un cadavere. Profondamente turbato dalle sofferenze legate alla malattia, all'invecchiamento e alla morte, giunse alla conclusione che la vita mondana è priva di sostanza. In seguito, ispirato da vari praticanti religiosi, Buddha fu colpito dalla possibilità di una vita più elevata, più piena, più spirituale. A quel punto fuggì dal palazzo, lasciando alle proprie spalle la sua normale esistenza per inseguire quella prospettiva di vita.

Che cosa ci insegna tutto ciò? Come Buddha, all'inizio dobbiamo occuparci della sofferenza che deriva dall'esistenza ciclica e volgere le spalle alle distrazioni effimere. Sotto l'influsso di questo nuovo atteggiamento, dobbiamo adottare un sistema etico rinunciando all'esistenza ciclica e fare voto di assumere un comportamento puro, cercare cioè di evitare le dieci non-virtù.

Le quattro nobili verità

Per liberarci dall'esistenza ciclica dobbiamo comprenderne la natura. È necessario: 1) conoscere i tipi specifici di sofferenza che essa comporta; 2) scoprire le cause di quelle sofferenze; 3) vedere se è possibile eliminare tali cause; 4) decidere che cosa va praticato. La rinuncia, dunque, implica una comprensione almeno parziale delle quattro nobili verità:

1. La vera sofferenza.
2. Le vere origini della sofferenza.
3. La vera cessazione della sofferenza e delle sue origini.
4. Il vero sentiero per mettere in atto la vera cessazione della sofferenza.

Quando Buddha diede il suo primo insegnamento, affrontò le quattro nobili verità nell'ordine in cui sono qui sopra elencate. Tale ordine, tuttavia, non riflette il modo in cui queste verità sono venute alla luce. Nella sequenza temporale la seconda verità – le origini della sofferenza – precede la prima – la sofferenza in sé. Allo stesso modo la quarta verità – i sentieri della pratica – deve precedere il conseguimento della terza – la cessazione della sofferenza. Buddha tuttavia ha insegnato le quattro verità nell'ordine della *pratica*, e non in quello nel quale sorgono.

Dunque si devono anzitutto individuare le varie forme di sofferenza, per comprendere che questo tipo di vita è dominato dall'infelicità; ciò rende più forte il desiderio naturale di liberarsi dal dolore. Se riconosci la sofferenza per quello che è, come fece Buddha, sarai portato a scoprirne le cause. Così come un dottore deve innanzitutto diagnosticare la malattia, prima di trattare la sofferenza devi comprenderne la causa fondamentale. Finché non hai identificato le origini della sofferenza non riuscirai a renderti conto che essa può cessare. Inoltre, se non capisci chiaramente che eliminare la sofferenza è possibile, potresti considerare la pratica di questo sentiero una fatica inutile. Soltanto allora potrai cercare i veri sentieri per realizzare la vera cessazione delle sofferenze. Ecco perché Buddha ha presentato le quattro verità nell'ordine in cui sono praticate.

Affronterò qui la prima nobile verità, e le altre tre nel terzo capitolo.

La prima nobile verità: la sofferenza

La sofferenza è come una malattia che tutti abbiamo contratto. Per trovare la cura dobbiamo attentamente valutarla nelle sue varie forme, ossia il dolore vero e proprio, la sofferenza del cambiamento e il condizionamento pervasivo.

1. Uno dei livelli di sofferenza è quello del dolore vero e proprio che noi tutti riconosciamo come tale. Anche gli

animali vogliono superarlo. I dolori fisici e mentali della vita quotidiana, come i mal di testa e le angosce di una separazione, rientrano in questa categoria.

2. Ciò che normalmente percepiamo come piacere è di solito una diminuzione del dolore. Se ad esempio il buon cibo o le bevande fossero di per sé piacevoli – se il piacere facesse parte della loro natura intrinseca – ci sentiremmo meglio indipendentemente dalle quantità che ne assumiamo, derivandone un aumento della felicità in eguale misura. Capita invece che, se abusiamo di cibi e bevande, cominciamo a soffrire nel corpo e nella mente. Ciò sta a indicare che queste esperienze del piacere hanno una natura intrinsecamente dolorosa. Racconterò la storia della famiglia che compera un televisore nuovo. Rispetto al vecchio apparecchio tutti lo trovano assolutamente fantastico, e per giorni lo guardano senza sosta. Alla fine però si stufano. Ciò significa che il piacere originale ha una natura dolorosa. Tali stati di felicità temporanea sono definiti «la sofferenza del cambiamento».
3. Oltre al dolore ordinario e alla sofferenza del cambiamento, c'è un livello più profondo di sofferenza chiamato «condizionamento pervasivo». La mente e il corpo agiscono sotto l'influsso del karma (tendenze create da azioni precedenti) e delle emozioni afflittive, o controproducenti, come l'odio e la bramosia. Nella vita di tutti i giorni nasciamo e ci muoviamo all'interno dell'influsso pervasivo del karma e delle emozioni afflittive. Anche gli stati neutrali delle sensazioni cadono sotto l'influsso di cause e condizioni incontrollabili, e siamo perciò bloccati all'interno di un processo passibile di sofferenza.

La condizione umana

La vita inizia con la nascita, durante la quale soffriamo, e finisce con la morte, che a sua volta produce sofferenza. Tra questi due estremi si collocano l'invecchiamento e la malattia. Indipendentemente da quanto sei ricco o da quanto sei in salute, in tali circostanze sei destinato a soffrire.

A tutto questo si aggiunge poi l'insoddisfazione, il fatto di volere sempre di più. Questa, in un certo senso, è la vera povertà: la bramosia che non è possibile placare. Altri saranno forse privi di ricchezze ma, poiché si accontentano, hanno meno preoccupazioni, meno nemici, meno problemi e dormono più serenamente. In più di un'occasione ho visitato case splendide in quartieri agiati, e sbirciando nell'armadietto delle medicine in bagno ho trovato farmaci per dare energia durante il giorno e altri per indurre il sonno la sera. Accontentarsi è un metodo più efficace in entrambi i casi poiché riduce l'ansia durante il giorno e di notte assicura sonni tranquilli.

La frenesia della vita moderna ci fa perdere di vista il vero valore dell'umanità. Le persone contano per quello che producono. Gli esseri umani agiscono come macchine con il compito di guadagnare denaro. È un errore grave. Accumulare denaro diventa in questo modo la felicità del genere umano. Gli esseri umani, invece, non sono fatti per il denaro, ma è il denaro a essere fatto per gli esseri umani. Il denaro ci permette di vivere e dunque è necessario, ma dobbiamo al contempo capire che un eccessivo attaccamento alla ricchezza non è di alcun aiuto. Come affermano i santi dell'India e del Tibet, più si diventa ricchi, più aumentano le sofferenze da affrontare.

Anche gli amici possono essere motivo di sofferenza. Di solito gli amici ci portano piacere e felicità, ma a volte possono crearci dei problemi. Oggi il tuo amico ha un volto aperto, sorridente, ma da un momento all'altro la conversazione con lui può inasprirsi e allora si finisce per litigare, senza che dell'amicizia rimanga alcuna traccia. Dai nostri amici traiamo felicità e soddisfazione, ma si tratta di un fenomeno provvisorio, non di vera felicità. Il dolore fa dunque parte della natura profonda dell'amicizia.

Osserva il tuo corpo. Anche se la pelle è morbida e il

suo aspetto ottimo, basta una sola goccia di sangue perché perda immediatamente la sua bellezza. Sotto la pelle la carne è viva, e se vai ancora più in profondità, troverai l'osso. Gli scheletri in un museo o in un ospedale ci mettono a disagio, ma noi non siamo certo diversi. C'è chi è grasso, c'è chi è magro, c'è chi è brutto e c'è chi è bello, tuttavia se esamino ognuno di loro ai raggi X vedrò soltanto scheletri, con grandi cavità al posto degli occhi. Tale è la vera natura del nostro corpo.

Consideriamo poi i piaceri della tavola. Oggi ad esempio ho mangiato cibi squisiti. Mentre li assaporavo provavo una sensazione meravigliosa ma, quando sono passati nello stomaco e negli intestini, quella sensazione si è trasformata in qualcosa di meno gradevole.

Quando mangiamo evitiamo di pensare a ciò che accade veramente dentro di noi e ci compiaciamo nel dire a noi stessi: «Ah, proprio un buon pranzo! Sono proprio contento». Eppure quel cibo delizioso attraversa poco per volta il nostro corpo per poi finire nel gabinetto, in una forma tutt'altro che deliziosa. Quella cosa che la gente considera molto sporca è in realtà prodotta dal corpo umano. In un certo senso produrre escrementi è una delle funzioni principali del nostro corpo!

Mangiare, lavorare e accumulare denaro sono di per sé attività prive di significato. Invece un atto di compassione, per quanto piccolo, dà un significato e uno scopo all'esistenza.

Tenacia e speranza

Soffermati a riflettere più che puoi. Se lo fai, ti accorgerai che il nostro normale stile di vita è quasi del tutto insensato. Non scoraggiarti per questo. Sarebbe stupido rinunciare proprio ora. Se la speranza ti ha del tutto abbandonato, dovrai compiere un grande sforzo. Siamo così abituati a stati mentali erronei che è difficile cambiare con una pratica di breve durata. Una goccia di sostanza dolce non è in grado di cambiare un gusto fortemente amaro. Tuttavia, nonostante i fallimenti, dobbiamo insistere.

Nei momenti difficili, l'atteggiamento migliore consiste nel cercare di mantenersi il più possibile onesti e sinceri. Se invece reagiamo con durezza o egoisticamente, non facciamo che peggiorare le cose. Ciò è particolarmente evidente in situazioni familiari dolorose. Bisogna rendersi conto che le difficoltà in cui ci troviamo sono dovute ad azioni incontrollate compiute in passato, per cui, quando si attraversa un periodo difficile, è necessario fare il possibile per evitare comportamenti che in seguito potranno appesantire il nostro fardello.

È importante ridurre gli stati incontrollati della mente, ma ancora di più affrontare le avversità con un atteggiamento positivo. Ricorda che far fronte ai problemi con ottimismo e speranza permette di evitare l'insorgere di problemi ancor più gravi. Immagina inoltre che in questo modo puoi alleviare il peso di tutti coloro che sono afflitti da problemi simili. Tale pratica – immaginare che, accettando il dolore, si riduce il karma negativo di tutti coloro che sono destinati a provare un dolore simile – è estremamente utile. A volte, quando sono malato, mi dedico alla pratica di farmi carico delle sofferenze di altri offrendo loro il mio potenziale di felicità; ciò fornisce alla mente una buona dose di sollievo.

Tutti i giorni di prima mattina, e ogni volta che trovo il tempo, mi dedico a questa pratica in termini generali prendendo in considerazione tutti gli esseri viventi. Mi concentro tuttavia su alcuni individui in particolare, come capi e funzionari cinesi alle prese con la decisione se torturare o uccidere cittadini tibetani. Li visualizzo e trasferisco su di me la loro ignoranza, i loro pregiudizi, il loro odio e il loro orgoglio. Sento che, grazie all'addestramento da me seguito, i loro atteggiamenti negativi non avrebbero alcun influsso sul mio comportamento né riuscirebbero a trasformarmi in una persona negativa. Assumere su di me le loro negatività non è dunque difficile e serve a ridurre i loro problemi. Mi dedico a questa pratica con tale convinzione che se nel corso della giornata vengo a sapere di atrocità da loro commesse, sebbene provi in parte irritazione e rabbia, la mia mente nella sua totalità è ancora sotto l'influsso della pratica mattutina; l'intensità dell'odio si riduce al punto da perdere ogni fondamento.

Non so se questa meditazione aiuti o meno quei funzionari, comunque a me dà la pace mentale. Riesco così a essere più efficiente; il beneficio che ne traggo è immenso.

❖ ❖ ❖

Non bisogna perdere la speranza in nessuna occasione. La disperazione porta sempre al fallimento. Ricordati che qualsiasi problema è superabile. Mantieni la calma anche quando intorno a te non vedi che confusione e complicazioni; se la tua mente è in pace, l'ambiente esterno avrà un influsso minimo su di te. Se invece la tua mente lascia spazio alla rabbia, la serenità ti sfuggirà anche quando il mondo è in pace e piacevole.

❖ ❖ ❖

Riepilogo per la pratica quotidiana

1. Esamina le motivazioni da cui sei animato più frequentemente. Prima ancora di scendere dal letto al mattino, predisponiti a un atteggiamento non violento e non offensivo. Alla sera prendi in esame quanto hai fatto nel corso della giornata.
2. Presta attenzione a quanta sofferenza è presente nella tua vita:

- C'è il dolore fisico e mentale derivante dalla malattia, dall'invecchiamento e dalla morte, che naturalmente cerchi di evitare.
- Ci sono esperienze passeggere, come ad esempio mangiare del buon cibo, che sembrano di per sé gra-

devoli ma che, se ti abbandoni a esse senza sosta, si trasformano in dolore: questa è la sofferenza del cambiamento. Quando una situazione passa dal piacere al dolore, rifletti sul fatto che ti si è rivelata la natura profonda di quello che in origine era un piacere. L'attaccamento a piaceri così superficiali non potrà che produrre altro dolore.

- Rifletti sul fatto che sei prigioniero di un processo pervasivo di condizionamento che, anziché essere sotto il tuo controllo, subisce l'influsso del karma e delle emozioni afflittive.

3. Elabora gradualmente una visione più profonda e realistica del corpo, prendendo in considerazione le parti che lo compongono: la pelle, il sangue, la carne, le ossa e così via.
4. Analizza attentamente la tua esistenza. Se lo fai, difficilmente sprecherai la tua vita diventando un automa o ricercando il denaro come se fosse la via per la felicità.
5. Di fronte alle difficoltà assumi un atteggiamento positivo. Immagina che affrontando con levità una situazione difficile previeni conseguenze più gravi, derivanti da ulteriori karma di cui in futuro potresti fare esperienza. Come esercizio mentale fatti carico della sofferenza di tutti coloro che sono destinati a provare un dolore simile.
6. Valuta periodicamente i possibili effetti negativi e positivi di pulsioni quali la rabbia, la bramosia, la gelosia e l'odio.

- Quando risulterà evidente che hanno effetti assai dannosi, procedi nell'analisi. Il tuo convincimento si rafforzerà in modo progressivo. Ad esempio se rifletti ripetutamente sugli svantaggi della rabbia, capirai che è un sentimento insensato.
- Giungere a tale conclusione produrrà in te una diminuzione graduale della rabbia.

III

Origine e cessazione dei problemi

La seconda nobile verità: le origini della sofferenza

Dopo avere individuato le varie forme della sofferenza dobbiamo indagarne le origini, che sono di due generi: emozioni afflittive, o controproducenti, e karma contaminati.

Emozioni afflittive

Poiché le emozioni afflittive contaminano i karma, o azioni, le affronterò per prime. Esistono due classi di emozioni afflittive, una che è bene esprimere e una che non è bene esprimere. Un esempio del primo tipo sono quelle paure o disagi che risalgono al passato e non abbandonano più la mente. In un caso del genere è decisamente salutare esternare le proprie emozioni e discutere dell'evento che le ha provocate.

Quando avevo circa quattordici anni, un giorno d'estate al palazzo di Norbulingka, il reggente, che era allora il mio tutore principale, al termine di una lezione che teneva annualmente, mi sgridò. Con toni duri mi disse: «Anche se la tua capacità di comprendere è pari a quella di una divinità, il tuo comportamento deve ancora conformarsi a quello di un essere umano». Mi sentii ferito perché mi sembrava di aver agito come uno qualsiasi degli studenti che erano lì ad ascoltarlo, nonostante io fossi il Dalai Lama e dunque superiore a lui per grado. Mi irritai, e nei mesi che seguirono continuai a sentirmi a disagio. Poi, nel 1950, la Cina comunista invase il Tibet orientale e io dovetti fuggire da Lhasa a Tromo, nella parte sudoccidentale del Tibet, vicino al confine con l'India. In seguito alcuni funzionari di Lhasa mi suggerirono di tornare perché la situazione appariva sostenibile. Lungo la via del ritorno a Lhasa trascorremmo alcuni giorni a Talungdra, il monastero del reggente. Un giorno, nel corso di una conversazione informale, lui mi chiese se mi fosse mai capitato di arrabbiarmi per via del suo atteggiamento. Raccontai in modo piuttosto vago quanto era accaduto, evitando di entrare nei dettagli. Fu un vero sollievo! Da quel momento il soggiorno al monastero fu assolutamente piacevole.

È sempre meglio parlare di simili eventi che accadono soltanto una volta, mentre è preferibile non esprimere l'altra classe di emozioni controproducenti, che comprendono l'odio, la bramosia, l'inimicizia, la gelosia e l'aggressività. Esprimerle equivale a renderle più forti e predominanti. È meglio riflettere sugli svantaggi che derivano dall'attivare tali emozioni e cercare di sostituirle con altre, come la soddisfazione e l'amore. Dobbiamo superare con decisione le emozioni negative nel momento in cui appaiono, ma ancora meglio sarebbe trovare dei modi per prevenirne la comparsa.

La bramosia e l'odio fanno insorgere altre emozioni controproducenti, creando così un gran numero di problemi in tutto il mondo. Non possiamo accontentarci di convivere con le conseguenze dell'odio e della bramosia. L'odio è, nell'immediato, il peggiore poiché arreca subito dei danni agli altri, mentre la bramosia è responsabile del processo dell'esistenza ciclica – il ripetersi di nascita, invecchiamento, malattia e morte – che passa da una vita all'altra.

All'origine della bramosia e dell'odio vi è l'ignoranza della vera natura di tutti gli esseri viventi e al contempo l'ignoranza della natura degli oggetti inanimati. Questa ignoranza non è una semplice mancanza di conoscenza ma una coscienza che immagina l'esatto contrario della verità, che la fraintende. La percezione erronea si colloca a livelli diversi, ad esempio può essere l'incapacità di comprendere quali scelte fare nella vita quotidiana; ma qui stiamo parlando dell'ignoranza che è all'origine di ogni forma di sofferenza. Essa consiste nel ritenere che gli esseri senzienti e gli altri fenomeni esistano autonomamente. Affronterò più avanti questo argomento complesso, in particolare nei capitoli ottavo, nono e decimo.

I karma contaminati

Tutti i piaceri e i dolori dipendono dai karma, azioni passate che hanno dato luogo a una predisposizione mentale. I karma possono essere suddivisi in virtuosi e non virtuosi, a seconda che generino, a lungo termine, piacere o dolore. Se ad esempio l'effetto di un'azione consiste nel fare nascere una nuova esistenza umana, quell'azione sarà virtuosa poiché il suo effetto a lungo termine è una buona trasmigrazione. Se invece un'azione è causa di una rinascita nei panni di un fantasma affamato, tale azione sarà non virtuosa poiché il suo effetto a lungo termine è una cattiva trasmigrazione.

I karma sono poi suddivisibili in altre due categorie: quelli che tracciano il profilo generale di una nuova esistenza, stabilendo sia il tipo di nascita sia la lunghezza della vita, e quelli che ne forniscono i dettagli, definendo se sarà prospera, se si godrà di buona salute e così via. Il primo tipo è chiamato «sentiero dell'azione» poiché quell'azione (virtuosa o meno che sia) costituisce un sentiero, o un mezzo, per completare un'esistenza con una buona o una cattiva trasmigrazione. Per essere un «sentiero dell'azione» un karma deve avere quattro caratteristiche: un'intenzione che lo motivi; la corretta identificazione della persona o dell'oggetto; una preparazione adeguata; un compimento definitivo. Talvolta sono presenti tutte queste caratteristiche, come nel caso in cui si voglia fare l'elemosina a un mendicante e la si faccia per davvero; talvolta è presente soltanto la motivazione, cioè l'intenzione di fare l'elemosina a un mendicante che poi non viene messa in atto; oppure il risultato può essere ottenuto involontariamente, se ad esempio del denaro, attraverso un buco della tasca, cade sul marciapiede e un mendicante lo raccoglie. Le azioni che non possiedono tutte le quattro caratteristiche rientrano nella seconda categoria dei karma, quella che fornisce i dettagli dell'esistenza.

Si possono infine dividere i karma in quelli compiuti da gruppi, ad esempio le organizzazioni caritatevoli, e quelli intrapresi individualmente. Gli effetti dei karma possono essere sentiti nella vita attuale, in quella successiva o in una ulteriore. I karma forti, virtuosi o non virtuosi, dotati di una profonda motivazione ad aiutare o a fare del male, possono mostrare il loro effetto nel corso dell'esistenza attuale.

IL PROCESSO DELLA MORTE

Per capire i vari tipi di karma e le caratteristiche specifiche dei livelli più avanzati di pratica, è necessario comprendere la dinamica di tre fasi distinte: il processo della morte, la fase intermedia tra questa vita e la prossima, e infine il processo della rinascita oltre questo stato intermedio. La trasmissione dei karma da una vita a quella successiva avviene nel momento della morte, attraverso una mente molto sottile di chiara luce. Sebbene questo livello profondissimo della mente sia presente nel corso di tutta l'esistenza, esso si manifesta al momento della morte e quindi viene spesso insegnato in questo contesto.

Potrete trovare altre informazioni in proposito in molti testi di Tantra dello Yoga Superiore, che raccolgono le parole di Buddha, come ad esempio il *Tantra di Guhyasamaja*. Questi testi descrivono i vari stati della mente o coscienza, che spaziano dal più superficiale al più sottile. Gli stati più sottili della mente sono più efficaci se si raggiungono nell'ambito della pratica spirituale. Il livello più superficiale della coscienza percepisce attraverso gli occhi, le orecchie, il naso, la lingua e il corpo. La coscienza mentale è più sottile, con una gamma che va dal pensiero normale al sonno profondo e allo svenimento, nel corso del quale il respiro si ferma, fino allo stadio più recondito e sottile della mente della chiara luce. A parte stati meditativi straordinari, la coscienza più sottile o profonda si manifesta soltanto in punto di morte (manifestazioni meno profonde e dunque più brevi dei livelli sottili della coscienza si hanno inoltre quando ci si addormenta, alla fine di un sogno, quando si starnutisce, si sbadiglia o si ha un orgasmo. Discuterò l'ultimo di questi casi nell'undicesimo capitolo).

Il processo della morte implica un arresto o una dissoluzione in sequenza dei quattro elementi interni: la terra (le sostanze solide del corpo), l'acqua (i fluidi), il fuoco (il cuore) e il vento (l'energia, il movimento). Nella vita ordinaria questi elementi formano la base della coscienza ma, durante il processo della morte, la loro capacità di sostenere la coscienza diminuisce, a partire dall'elemento terra. Ogni fase di questa dissoluzione ha come effetto un aumento della capacità dell'elemento successivo di sostenere la coscienza. La sequenza delle fasi è all'incirca la seguente:

1. Quando l'elemento terra si dissolve nell'elemento acqua, il segnale esteriore è un dimagrimento del corpo; interiormente, si vede qualcosa di simile a un miraggio nel deserto.
2. Quando l'elemento corporeo dell'acqua si dissolve nell'elemento fuoco: la bocca si inaridisce, il naso si raggrinzisce e così via; interiormente, si vedono immagini come sbuffi di fumo da un camino o come fumo sospeso in una stanza.
3. Quando l'elemento fuoco del corpo si dissolve in vento o aria, il segnale esteriore è una diminuzione del calore del corpo; interiormente, si ha l'impressione di vedere lucciole nell'oscurità o scintille tutt'intorno. Il calore si ritira dal corpo in vari modi: dai piedi salendo fino al cuore o dalla sommità del capo verso il basso. Il primo è preferibile, poiché indica che la mente uscendo dal

corpo si dirigerà verso l'alto o in avanti. Molto probabilmente ciò prefigura che la prossima vita sarà propizia, ed è causato da un karma virtuoso.

4. L'elemento successivo, il vento, o movimento di energia nel corpo, si dissolve nella coscienza, e il respiro esterno cessa; in questo momento appare una luce simile a quella che sovrasta la fiamma tremolante di un lume il cui l'olio è quasi del tutto consumato (alcuni medici dichiarano deceduto un individuo in questa condizione, ma secondo il buddhismo la semplice cessazione del respiro esterno non significa che la coscienza abbia abbandonato il corpo). La luce tremolante è seguita dalla comparsa di una fiamma stabile.

Le quattro fasi finali della morte implicano la dissoluzione dei livelli più superficiali della coscienza in livelli più sottili. Ciò accade quando si dissolvono i venti, cioè le energie interiori che sono come i destrieri della coscienza. Immaginate che la coscienza cavalchi l'energia come un cavaliere un cavallo. In preparazione della fase successiva, si dissolvono le energie cavalcate dai vari tipi di coscienza concettuale, con un conseguente spostamento della base della coscienza da livelli più superficiali ad altri più sottili. Ciò avviene in altre quattro fasi:

5. La mente stessa si trasforma in una vastità bianca onnipresente, enorme e vivida. È descritta come un cielo terso e pervaso da un chiarore lunare, non la luna che splende in uno spazio vuoto ma lo spazio stesso riempito dalla luce bianca. Il pensiero concettuale svanisce e nulla appare se non questo nitore vivido della coscienza. Permane, tuttavia, una sensazione sottile di soggetto e oggetto, e dunque si tratta ancora di uno stato leggermente dualistico.
6. La mente si trasforma in una vastità rossa o arancione, e la sua vividezza aumenta; non appare nient'altro. È come un cielo terso pervaso dalla luce del sole, non il

sole che splende nel cielo ma lo spazio stesso riempito da una luce rossa o arancione. In questo stato la mente perde ulteriormente il proprio dualismo.

7. La mente raggiunge uno stadio ancora più sottile, di un nero intenso, in cui non appare nient'altro. Si tratta della fase della cosiddetta «quasi-realizzazione» perché ci si trova vicini a manifestare la mente della chiara luce. La mente della vastità nera è simile a un cielo senza luna e molto scuro appena dopo il crepuscolo, quando non si vedono stelle. All'inizio di questa fase la consapevolezza è ancora presente in una certa misura, ma nel momento in cui si entra in un'oscurità ancora più fitta svanisce.
8. Quando la mente dall'apparenza nera scompare, la mente si trasforma nella mente pienamente consapevole della chiara luce. Si tratta del livello più sottile, profondo e potente della coscienza, chiamato «mente innata fondamentale della chiara luce». È come la condizione naturale del cielo all'alba (non al sorgere del sole), quando sono assenti luce lunare, luce solare e oscurità.

Il passaggio alla mente della chiara luce può essere lento o veloce. Alcuni restano in questa fase finale soltanto per alcuni minuti; altri fino a una o due settimane. Poiché la mente della chiara luce è così forte, praticarla ha un suo valore, motivo per cui molti praticanti tibetani passano quotidianamente in rassegna le otto fasi della morte. Io stesso le ripeto sei volte al giorno, immaginandomi uno per uno gli otto livelli della mente (naturalmente senza i cambiamenti fisici associati ai primi quattro). Gli otto livelli della mente sono:

1. Miraggio.
2. Fumo.
3. Lucciole.
4. Fiamma di una candela.
5. Mente-cielo bianco vivido.
6. Mente-cielo rosso o arancione vivido.

7. Mente-cielo nero vivido.
8. Chiara luce.

Nel processo della morte, sappiamo che l'individuo è ancora nella chiara luce finché il corpo non inizia a emanare un odore sgradevole e a imputridire. Ci sono dei tibetani che, dopo essere stati torturati a morte, sono tornati alle loro celle e, seduti a gambe incrociate, sono rimasti a lungo nello stadio della mente della chiara luce. A quanto pare, i secondini della Cina comunista ne sono rimasti strabiliati. Dal loro punto di vista dogmatico, il buddhismo è soltanto una fede cieca e quindi, trovandosi di fronte a prove del genere, non possono che tacere. Anche in India un numero abbastanza elevato di praticanti è rimasto in questo stato, a volte per qualche giorno e in un caso per circa diciassette giorni. Nello stadio della chiara luce, nel momento in cui l'energia che sostiene questo livello profondo della mente comincia a fluttuare, la coscienza abbandona il corpo, e il corpo o la testa si sposta leggermente.

Esistono molte possibilità di indagare ulteriormente i vari stadi della morte. La scienza moderna ha svolto diverse ricerche sulle onde di energia, sul cervello umano e sulle sue funzioni. Scienziati e buddhisti condividono un interesse comune per tale questione, e a mio avviso bisogna lavorare insieme per studiare il rapporto tra la mente e le sue energie interiori, e quello tra il cervello e la coscienza. Le spiegazioni buddhiste possono dare un contributo alla ricerca scientifica e viceversa. Si tratta di una collaborazione che è già iniziata, e che sarebbe utile ampliare.

LO STATO INTERMEDIO

Tutti gli esseri destinati a rinascere in forma di esseri umani passano attraverso uno stato intermedio tra questa vita e quella successiva. In tale fase il corpo assume le sembianze di quello che sarà nell'esistenza a venire, all'età di cinque o sei anni (anche se alcuni dicono che non necessariamente avviene così). La fine della vita intermedia coincide con l'attraversamento del ponte verso quella successiva. È il livello più sottile della mente che porta a compimento tale processo.

IL PROCESSO DELLA RINASCITA

Per quanto riguarda la rinascita, la coscienza entra nel grembo materno al momento della fecondazione – a condizione che l'utero o lo sperma non presentino dei problemi e che sussistano tutti gli elementi favorevoli, come ad esempio il legame karmico. Non è detto, tuttavia, che la coscienza debba necessariamente comparire in seguito a un amplesso tra maschio e femmina; nei nostri testi, infatti, si parla di casi in cui il seme del padre è stato introdotto nella vagina senza che ci sia stato un rapporto sessuale. Sembra comunque che la coscienza appaia nel momento in cui lo spermatozoo e l'ovulo vengono a contatto, a prescindere dal fatto che ciò accada nell'utero o, come succede talvolta ai nostri giorni, in vitro. È tuttavia difficile trovare nei testi buddhisti una spiegazione definitiva poiché alcuni libri sostengono che la fecondazione avviene solo quando il desiderio del maschio e della femmina è molto forte.

Questa complessa questione si complica ulteriormente nei tempi moderni. Prendiamo il caso di un embrione congelato. Una volta che la fecondazione ha stabilito il legame tra la vita passata e quella nuova, quell'essere il cui corpo in fase embrionale è stato congelato dovrà sopportare i rigori del freddo? Il corpo comincia a esistere in quella fase e dunque, secondo le nostre spiegazioni, potrebbe già provare delle sensazioni fisiche in forma primitiva (anche se non ha ancora sviluppato i cinque organi sensoriali). C'è sensazione fisica a partire dal momento immediatamente successivo alla fecondazione? Su questi punti non ho ancora preso una decisione, si tratta di questioni aperte al dibattito.

Se supponiamo che l'essere nell'embrione soffra il freddo, si tratta allora di stabilire se la persona che mette l'embrione nel congelatore accumuli karma negativo in seguito a quell'azione. Ciò dipende dalle sue motivazioni. Non possiamo dire di accumulare karma negativo per il semplice fatto che un essere provi sofferenze causate da qualcosa in cui siamo in qualche modo coinvolti. Anche in circostanze normali, ad esempio, un feto soffre per il fatto di essere nel grembo materno, ma non per questo la madre accumula karma negativo. Allo stesso modo il bambino soffre anche al momento della nascita, ma la madre non accumula alcun karma negativo (se così fosse, una madre che ha dato alla luce molti bambini avrebbe accumulato una grande quantità di karma negativo, il che è assurdo!). La chiave per determinare che tipo di karma accumula un individuo è dunque la motivazione.

La terza nobile verità: la vera cessazione

Poiché le contaminazioni della mente come la bramosia, l'odio, la gelosia e l'aggressività si fondano su una concezione fondamentalmente erronea della natura delle persone e degli oggetti, per superarle è necessario superare tale forma di ignoranza. Il problema sarà allora come sradicare l'ignoranza che sta alla base della sofferenza. Non la si può estrarre come una spina o asportarla con un'operazione. Per superare la concezione erronea della natura delle persone e delle cose, è necessario capirne la vera natura. Con la pratica costante della meditazione ci si abitua alla verità e si aumenta la forza di cui la saggezza dispone per eliminare le emozioni negative radicate nell'ignoranza.

A questo punto si rende opportuna una spiegazione della vacuità, poiché è questo che la saggezza comprende della natura delle persone e delle cose (vedi i capitoli ottavo, nono e decimo). Diciamo intanto che le contaminazioni, come le emozioni afflittive, sono eliminabili perché per sua natura la mente non è impura. Possiede un'essenza pura. La meditazione sulla vera natura della mente e di tutte le altre cose purifica le profanazioni. Eliminare queste profanazioni è la terza nobile verità della cessazione della sofferenza, una condizione che va al di là della sofferenza e delle sue cause.

La quarta nobile verità: i veri sentieri

I veri sentieri si riferiscono alle tre modalità di addestramento che costituiscono l'argomento principale di questo libro: l'etica, la meditazione concentrata e la saggezza. La pratica spirituale lungo questi sentieri conduce alla vera cessazione della sofferenza, culminante nel nirvana e infine nella buddhità.

❖ ❖ ❖

Da tempo immemorabile abbiamo una consapevolezza o coscienza dell'«io». Questo «io», o sé, ha un desiderio naturale e innato di felicità e rifugge al contempo la sofferenza; si tratta di un desiderio vero e ragionevole. Di conseguenza, tutti noi abbiamo il diritto di cercare la felicità e di rifuggire la sofferenza. Inoltre, il fatto che sofferenza e felicità siano soggette a improvvisi mutamenti indica che tali esperienze dipendono da determinate cause e condizioni. Per liberarci della sofferenza dobbiamo eliminarne le cause e le condizioni, mentre per raggiungere la felicità dobbiamo acquisirne le cause e le condizioni.

Le prime due nobili verità riguardano i fenomeni impuri dei quali vogliamo liberarci: le vere sofferenze, che sono gli effetti, e le vere origini, che sono le cause. Le ultime due nobili verità sono stati puri ai quali aspiriamo: la vera cessazione della sofferenza, che sono gli effetti, e i veri sentieri, che sono le cause. Le quattro nobili verità, così come le insegnò Buddha, contengono due serie di esperienze: una di sofferenza, che tentiamo di abbandonare, e una di felicità, che ci sforziamo di fare nostra.

❖ ❖ ❖

Riepilogo per la pratica quotidiana

Dopo avere individuato le varie forme della sofferenza indaga sulle sue cause o origini, e identifica nell'ignoranza della vera natura delle persone e delle cose l'origine della sofferenza, che dà adito alla bramosia, all'odio, e così via. Renditi consapevole del fatto che la sofferenza può essere eliminata dalla sfera della realtà. Rifletti sul fatto che è con la pratica dell'etica, della meditazione concentrata e della saggezza – i veri sentieri – che si ottiene la vera cessazione.

IV

Astenersi dal compiere il male

I buddhisti prendono un voto di etica nel contesto di un iniziale rifugio: si rifugiano in Buddha, negli stati di consapevolezza e nella comunità spirituale. Il rifugio è il fondamento della pratica dell'etica. Buddha ci insegna a trovare rifugio dalla sofferenza e dalle limitazioni ma il rifugio principale, o fonte di protezione, è quello che si trova negli stati di consapevolezza raggiungibili con la pratica dell'etica, della meditazione concentrata e della saggezza.

Le scritture buddhiste raccomandano di nascondere le proprie buone qualità e i risultati ottenuti come un lume dentro una lanterna. Non bisogna esibirli se non per un fine a essi commensurato. Se qualcuno che ha raggiunto lo stato della liberazione dice ad altri: «Ho raggiunto la liberazione», questa è considerata un'infrazione minore dei voti monastici. Stando così le cose, è difficile determinare quale stadio dell'esperienza interiore abbia raggiunto un individuo. Ho avuto occasione di incontrare varie persone giunte a un livello straordinario di sviluppo spirituale. C'era un monaco non troppo istruito, proveniente dal mio monastero di Namgyel, che dal Tibet giunse in India verso il 1980. Poiché ci conoscevamo personalmente, un giorno ci ritrovammo a parlare del più e del meno. Mi disse che nei quasi diciotto anni trascorsi in un gulag della Cina comunista si era trovato in alcune occasioni in grave pericolo. Pensai che si riferisse a una qualche minaccia di morte di cui era stato oggetto. Ma quando gli chiesi: «Quale pericolo?», lui mi rispose: «Non provare più compassione verso i cinesi». Lo considerava un pericolo! La maggior parte di noi, invece, sarebbe stata orgogliosa di esprimere la sua profonda rabbia, quasi fossimo una specie di eroi.

Avevo rapporti molto stretti con un lama della tradizione Drua Kagyu. Ci frequentavamo con una certa assiduità e di solito scherzavamo, canzonandoci a vicenda. Una volta gli chiesi della sua esperienza spirituale. Mi raccontò che da giovane aveva vissuto con il suo lama e che questi gli aveva ordinato di eseguire una pratica preliminare che consiste nel prostrarsi centomila volte a Buddha, alla dottrina e alla comunità spirituale. Al mattino presto e alla sera tardi doveva eseguire le prostrazioni su una piattaforma bassa, lunga quanto il suo corpo. Poiché il suo lama, intanto, meditava al buio nella stanza accanto, lui, per fargli credere che stava facendo le prostrazioni, batteva le nocche sulla piattaforma. Anni dopo, quando il lama era ormai morto da un pezzo, durante un ritiro di meditazione in una caverna si rammentò della grande gentilezza del lama in tutti gli anni che aveva dedicato alla sua formazione, e cominciò a piangere senza sosta. Quasi svenne, ma poi fece l'esperienza della chiara luce, che praticò con assiduità. In seguito, alla fine di meditazioni particolarmente riuscite, gli capitava di ricordarsi di esistenze passate che si visualizzavano vivide davanti a lui.

Queste testimonianze dirette mi sono state di grande ispirazione. Ci sono al giorno d'oggi praticanti che si stanno chiaramente muovendo nella direzione della buddhità. Gli incontri con queste persone aumentano la nostra ispirazione e la nostra determinazione; grazie a loro l'insegnamento diventa vivo. In questo modo la comunità spirituale fornisce modelli ai quali i praticanti possono rifarsi, e tutto ciò può servirci a prendere rifugio.

Buddha, gli stati di consapevolezza e le dottrine che li insegnano sono dotati rispetto a noi di una maggiore capacità di eliminare le sofferenze. Un buddhista, tuttavia, non chiede loro di assicurargli la felicità. La felicità deriva piuttosto dal mettere in pratica la dottrina. Buddha insegna il vero rifugio – come praticare la dottrina – ma la responsabilità principale sta nella nostra capacità di mettere in atto l'insegnamento. Allo scopo di creare le basi per uno stato ultimo di spiritualità, privo di sofferenza e di limitazioni, dobbiamo dedicarci alla pratica seguente:

1. Identificare le dieci non-virtù.
2. Identificare le dieci virtù (che sono l'opposto delle non-virtù).
3. Abbandonare le prime e adottare le seconde.

Livelli della pratica dell'etica della liberazione individuale

Poiché non tutti gli individui possiedono la stessa capacità di tenere fede a certi voti, Buddha descrisse vari livelli di pratica dell'etica. Nel contesto dell'etica della liberazione individuale ci sono:

- Coloro che vivono una vita normale, in casa e non in monastero.
- Coloro che hanno abbandonato la vita normale per diventare suore o monaci.

Se riesci a mantenerti casto per tutta la vita, puoi lasciare la tua casa e prendere i voti monastici. Se invece non sei in grado di osservare la castità, ma riesci a osservare i voti, puoi prendere i voti riservati ai laici che durano una vita intera o quelli che durano un solo giorno.

Benefici dell'etica

Nella vita monastica di tutte le tradizioni religiose si riscontrano molte somiglianze: in essa si pratica la semplicità, la devozione attraverso la preghiera o la meditazione e ci si pone al servizio degli altri. Il clero cristiano è particolarmente impegnato nei settori dell'educazione, della salute e dell'assistenza; si tratta di tradizioni dalle quali i monaci buddhisti hanno molto da imparare.

La pratica dell'etica della liberazione individuale, laica o monastica che sia, insegna ad accontentarsi. I monaci, ad esempio, seguono una dieta ristretta: una colazione frugale seguita da un pranzo, al quale non fanno seguito altri pasti. Non hanno diritto di dire: «Voglio questo o quel cibo». Qualsiasi cosa venga loro offerta durante le richieste quotidiane di elemosina, essi devono accettarla. I monaci buddhisti non sono necessariamente vegetariani, ma mangiano quello che viene loro dato. Questo è l'addestramento che insegna ad *accontentarsi del cibo*. Allevia l'ansia che nasce dal desiderio di questo o quell'alimento. I laici possono imitare tale pratica astenendosi dal mangiare determinati cibi. Anche se siete ricchi, in effetti non potete ingerire molto più cibo dei poveri, se non a vostro danno. Ricchi e poveri hanno lo stesso stomaco.

Per quanto riguarda l'abbigliamento, a un monaco o a una suora è concesso possedere un solo abito. Un altro monaco può donargliene un secondo, ma dovranno tenere presente che la seconda tonaca appartiene anche all'altro. Non ci è consentito portare vestiti costosi. Prima dell'invasione da parte della Cina comunista, monaci e suore indossavano spesso abiti di lusso, che costituivano elementi di corruzione e di autoinganno (in un certo senso i comunisti cinesi ci hanno fatto la cortesia di distruggere queste abitudini corrotte!). Tale limitazione nel vestire è la pratica che insegna ad *accontentarsi dell'abbigliamento*. I laici possono adottare una pratica simile vestendosi con semplicità. Lo stesso vale per gli ornamenti. Portare più di un anello per ogni dito è sicuramente eccessivo! È un errore ritenere che sia davvero importante spendere di più per il cibo, per gli abiti e per gli ornamenti, solo perché si dispone di maggiori quantità di denaro. Meglio spendere di più per la salute e per l'educazione dei poveri. Questo non è socialismo coatto ma compassione volontaria.

È inoltre essenziale che i monaci si accontentino di ripari adeguati. Una casa riccamente arredata non è consentita. Questa è la pratica che insegna ad *accontentarsi dell'abitazione*. I laici possono adottarla rinunciando a ricercare case sempre più belle.

Esaminate il vostro atteggiamento verso il cibo, l'abbigliamento e la casa. Riducendo le aspettative si stimola la capacità di accontentarsi. La riserva di energia che ne deriva va dedicata alla meditazione e al raggiungimento della cessazione della sofferenza, il che corrisponde alla quarta e alla terza nobile verità. In questo modo l'accontentarsi diventa la base, e l'azione che ne risulta è detta *piacere della meditazione e dell'abbandono*.

Dobbiamo accontentarci nell'ambito dei beni materiali, che è segnato da limiti, ma non in quello spirituale, che è estendibile all'infinito. Sebbene sia vero che una persona insoddisfatta, pur possedendo il mondo intero, può desiderare un centro turistico sulla luna, la sua vita sarà sempre limitata e così la quantità di beni che potrà avere. È meglio dunque accontentarsi fin dall'inizio. Alla compassione e all'altruismo non vi è invece alcun limite, perciò da questo punto di vista non dobbiamo accontentarci. Noi di solito facciamo il contrario: nel campo dello spirito ci accontentiamo di poca pratica e di piccoli progressi, mentre sotto il profilo materiale vogliamo sempre di più. Ognuno, laico o monaco che sia, dovrebbe invece adottare il comportamento opposto.

Inoltre, praticare l'etica della liberazione individuale è utile per aumentare la consapevolezza e la capacità d'introspezione. Anche in sogno un monaco o una suora che sta per compiere certe azioni sa di aver preso i voti e dice: «Sono un monaco, o una suora, perciò non devo agire così». La consapevolezza deriva da una coscienza estremamente elevata riguardo alle nostre azioni fisiche e verbali, che si manifesta anche nel sogno. Se state molto attenti a come vi comportate a tavola, quando andate e venite, quando continuate ad alzarvi e a sedervi, una forte condizione di consapevolezza finirà per manifestarsi in voi.

La pratica dell'etica della liberazione individuale sollecita inoltre la tolleranza e la pazienza. Buddha disse che la pazienza è la forma più alta di ascetismo, e che attraverso di essa si può raggiungere il nirvana. Monaci e suore devono dunque esercitare le quattro qualità della pazienza e della tolleranza:

- Se qualcuno ti tiranneggia, devi essere tollerante e paziente.
- Se qualcuno mostra di essere arrabbiato con te, non devi reagire allo stesso modo.
- Se qualcuno ti colpisce, non devi restituire il colpo.
- Se qualcuno ti mette in difficoltà e ti insulta, non devi replicare.

Queste pratiche ci aiutano a essere più pazienti. Una persona che abbia abbandonato la vita normale ma che fa del male a un altro non si sta comportando in modo corretto. In Tibet ci sono casi di monaci che hanno addirittura preso parte alla guerra! Si gettavano nella battaglia nonostante Buddha avesse ripetutamente insegnato che per un monaco o per una suora non è certamente virtuoso fare del male ai propri simili.

La pratica spirituale non riguarda gli aspetti esteriori dell'esistenza: il cibo, l'abbigliamento o cose del genere. La pratica spirituale avviene nei nostri cuori, nella nostra mente. «Il vero cambiamento è interiore, non ti curare dell'esteriorità.» Se il tuo comportamento riflette davvero un miglioramento della mente e del cuore, benissimo. Ma se stai semplicemente facendo mostra dei tuoi risultati spirituali, ad esempio per guadagnare denaro, si tratta di ipocrisia.

Praticare il buddhismo significa modificare il proprio atteggiamento. Le pratiche monastiche possono diventare parte della vita di un laico grazie a un desiderio profondo e consapevole di astenersi dal fare male agli altri, sia fisicamente sia verbalmente. Ciò richiede una buona dose di pazienza per far fronte all'aggressività.

Un approccio graduale è senz'altro migliore del tentativo di volare subito in alto, da cui deriverebbero gravi rischi e pericoli. Cominciate contribuendo alla società e praticando gli insegnamenti. Una volta raggiunto un certo livello di esperienza, potrete praticare con maggiore intensità adottando regole monastiche. Queste pratiche si compenetrano progressivamente.

Di solito ai principianti consiglio di avere pazienza; non aspettatevi troppo da voi stessi. La cosa più importante è essere cittadini onesti e svolgere un ruolo positivo all'interno della comunità umana. Che siate o meno in grado di comprendere idee profonde, dovete soprattutto praticare la bontà nella situazione in cui vi trovate ora. Non bisogna trascurare un obiettivo più grande a favore di uno limitato. Considerate la situazione attuale rispetto a quella futura come sul piano economico si dovrebbero considerare i profitti temporanei rispetto ai bisogni ambientali a lungo termine.

❖ ❖ ❖

Desidero ribadire ancora una volta che l'essenza dell'insegnamento di Buddha può essere riassunta in due principi:

- Se puoi, aiuta gli altri.
- Se non puoi, almeno non fare loro del male.

Astenersi dal fare del male agli altri è il primo passo fondamentale di una vita fondata sugli insegnamenti dell'etica.

❖ ❖ ❖

Riepilogo per la pratica quotidiana

1. Prendi coscienza del tuo attaccamento al cibo, ai vestiti e alla casa, e adatta alla vita laica le pratiche monastiche che insegnano ad accontentarsi. Ritieniti soddisfatto di avere cibo e abiti a sufficienza e una casa dignitosa. Usa il tempo libero che ti rimane a disposizione per meditare, così da essere in grado di superare un numero sempre maggiore di problemi.
2. Coltiva un forte desiderio di astenerti dal fare del male agli altri, fisicamente e verbalmente, anche quando vieni messo in difficoltà, insultato, oltraggiato, tiranneggiato o aggredito.

V
Aiutare gli altri

Una volta acquisita la pratica di non fare del male agli altri, puoi coltivare l'attenzione nei loro confronti. Con l'etica della liberazione individuale abbiamo già imparato a controllare la rabbia e altre emozioni simili, sicché adesso possiamo cominciare ad apprendere come confortare e aiutare il prossimo. Le pratiche descritte nei capitoli secondo, terzo e quarto (abbandonare le dieci non-virtù, identificare le varie forme della sofferenza individuando la strada per superarla grazie alle quattro nobili verità, adattare alla vita laica il distacco dei monaci dai piaceri transitori) costituiscono nella loro totalità la base necessaria per passare alla seconda fase, chiamata «l'etica del Grande Veicolo». In essa si assumono maggiori responsabilità verso gli altri. Non far loro del male è una pratica passiva, mentre la pratica di aiutarli è un tipo di risposta attiva.

Buddha insegna tre fasi dell'etica: l'etica della liberazione individuale, l'etica dell'attenzione nei confronti degli altri e l'etica del Tantra. Aiutare gli altri è l'insegnamento del Grande Veicolo, il cuore della seconda fase, detta anche «etica del Bodhisattva». Essa costituisce l'oggetto di questo capitolo.

Il valore delle circostanze difficili

Come coltivare un atteggiamento di attenzione nei confronti dei nostri simili? L'approccio principale consiste nel considerare il valore che attribuiamo a noi stessi in relazione agli altri. Una pratica giunta in Tibet dall'India prevede anzitutto di trovare un terreno comune con il prossimo (equiparazione) e poi di porlo al centro del nostro interesse al posto di noi stessi. Lo yogi e studioso indiano Shantideva spiega a fondo questa pratica – che consiste nell'equipararsi agli altri e sostituirsi con loro – nella *Via del Bodhisattva*, commentato da molti studiosi.

La vera compassione si prova per ogni essere senziente e non soltanto per amici, familiari o persone che si trovano in situazioni di grande difficoltà. Per coltivare appieno la pratica della compassione è necessario praticare la pazienza. Shantideva ci dice che se la pratica della pazienza smuove davvero la mente e genera un cambiamento, comincerai a vedere i nemici come se fossero i tuoi migliori amici, o addirittura delle guide spirituali.

I nemici ci offrono ottime opportunità di praticare la pazienza, la tolleranza e la compassione. Shantideva ce ne fornisce straordinari esempi, in forma di dialogo tra le inclinazioni positive e quelle negative della mente. Le sue riflessioni sulla compassione e sulla pazienza sono state estremamente utili per la mia pratica. Leggetele, e la vostra anima ne sarà completamente trasformata. Eccone un esempio:

> Per chi pratica l'amore e la compassione, un nemico è uno dei maestri più importanti. Senza un nemico non puoi praticare la tolleranza, e senza la tolleranza non puoi costruire una base solida per la compassione. Per praticare la compassione *bisogna* dunque avere un nemico.
>
> Quando sei di fronte a un nemico che sta per farti del male, quello è il momento di praticare la tolleranza. Un nemico è dunque causa della pratica della tolleranza; la tolleranza è l'effetto o il risultato dell'esistenza di un nemico. Si tratta dunque di un rapporto di causa ed effetto. Così è detto: «Quando la relazione tra due cose è di derivare l'una dall'altra, non si può considerare quest'ultima fonte del male, poiché contribuisce alla produzione dell'effetto».

Riflettere su ragionamenti di questo tipo può essere d'aiuto a coltivare una grande pazienza che, a sua volta, dà origine a una intensa compassione. La vera compassione si fonda sulla ragione. La compassione e l'amore ordinari sono invece limitati dal desiderio o dall'attaccamento.

Se la tua vita procede senza difficoltà e tranquillamente, puoi continuare a illuderti. Ma quando devi affrontare situazioni veramente disperate, di tempo per illudersi non ce n'è: devi fare i conti con la realtà. Le grandi difficoltà cementano la determinazione e la forza interiore. In quei periodi arriviamo a comprendere l'inutilità della rabbia. Invece di arrabbiarci, dimostriamo attenzione e rispetto per coloro che ci creano problemi, poiché ci offrono la preziosa opportunità di praticare la tolleranza e la pazienza.

La mia non è stata una vita felice; ho vissuto molte esperienze difficili. Ho dovuto abbandonare il mio paese in seguito all'invasione della Cina comunista e cercare di trapiantare la nostra cultura nei paesi vicini. Eppure considero queste esperienze come i momenti più importanti della mia esistenza. Sono state per me un grande insegnamento, e mi hanno fatto conoscere la realtà. Quand'ero giovane e vivevo nel Potala, che sovrastava la città di Lhasa, osservavo spesso la vita giù in città attraverso la lente di un telescopio. Imparai molto anche dai pettegolezzi delle persone che tenevano pulito il palazzo. Erano il mio giornale, poiché grazie a loro sapevo che cosa faceva il reggente e quali corruzioni e scandali erano in atto. Ascoltavo sempre con piacere, e loro erano orgogliosi di raccontare al Dalai Lama che cosa accadeva nelle strade.

I gravi avvenimenti successivi all'invasione del 1950 mi costrinsero a un coinvolgimento diretto in problemi che altrimenti avrei tenuto a distanza. La conseguenza è stata che ho preferito una vita di impegno sociale in questo mondo pieno di sofferenze.

In quel terribile periodo tentai di soddisfare le richieste dei cinesi, di modo che la situazione non precipitasse. Quando una piccola delegazione di funzionari tibetani firmò con gli invasori un accordo articolato in diciassette punti, senza il consenso mio o del governo, non ci rimase altra alternativa che lavorare a partire da quel documento. Molti tibetani non erano d'accordo ma, quando manifestarono la loro opposizione, i cinesi reagirono ancora più duramente. Mi ritrovai tra due fuochi, e mi proposi di raffreddare gli animi. I due primi ministri presero l'iniziativa di protestare per le condizioni imposte dal governo cinese, che mi chiese di deporli. Finché rimanemmo in Tibet, dovevo affrontare quotidianamente problemi del genere. Non potevamo dedicarci a migliorare la nostra situazione ma riuscii perlomeno a nominare un comitato per le riforme allo scopo di ridurre gli interessi esagerati sui debiti e così via.

Mi recai una prima volta in India nel 1956, contro la volontà dei cinesi, per festeggiare il duemilacinquecentesimo anniversario della nascita di Buddha. Mentre mi trovavo in quel paese, dovetti prendere una decisione difficile, ovvero se tornare o no in Tibet. Mi giungevano notizie di rivolte nel Tibet orientale, e molti funzionari rimasti lì mi consigliavano di non rientrare. Sapevo inoltre, sulla base delle esperienze passate, che con l'aumento della sua forza militare la Cina avrebbe adottato un atteggiamento più duro. Era chiaro che c'erano ben poche speranze ma, al momento, non si capiva se ci fossero garanzie assolute di un sostegno efficace da parte del governo dell'India o di qualche altra nazione.

Alla fine decidemmo di tornare in Tibet. Nel 1959, invece, quando si verificò una fuga di massa verso l'India, la situazione era più facile perché non ci trovavamo più di fronte a un dilemma. Avremmo potuto dedicare tutto il tempo e le energie a nostra disposizione per costruire una comunità sana, in grado di fornire un'educazione moderna ai giovani, e al contempo tentare di conservare i metodi tradizionali di studio e di pratica del buddhismo. Lavoravamo ormai in un'atmosfera di libertà, affrancati da ogni paura.

La mia pratica personale ha tratto molti benefici da un'esistenza vissuta tra gravi problemi e preoccupazioni. Anche voi potrete rendervi conto delle difficoltà che riuscirete a sopportare approfondendo la pratica.

Equipararsi agli altri e sostituirsi con loro

Secondo gli insegnamenti di Shantideva, si deve anzitutto comprendere che ogni essere senziente aspira alla felicità e rifugge la sofferenza; vi è quindi tra noi una somiglianza fondamentale. Quando poi prendiamo in considerazione il fatto di essere soltanto dei singoli individui rispetto a un numero infinito di altri esseri senzienti, ci accorgiamo di quanto sarebbe ridicolo trascurare il benessere degli altri o utilizzarli allo scopo di ottenere il nostro piacere. È molto più ragionevole mettersi al loro servizio.

Considerata in questo modo, la questione diventa estremamente chiara. Per quanto importanti, siamo pur sempre individui singoli. Abbiamo tutti lo stesso diritto alla felicità, ma la differenza è che io sono uno e gli altri molti. È grave se un singolo individuo perde la felicità, ma ancor più grave è se sono molti esseri a perdere la felicità. Da questo punto di vista è possibile coltivare la compassione, l'amore e il rispetto per gli altri.

In un certo senso tutti gli esseri umani appartengono a un'unica famiglia. È necessario considerare il genere umano nella sua globalità e mostrare interesse per tutti, non solo per la *mia* famiglia, per il *mio* paese o per il *mio* continente. Dobbiamo mostrare interesse per ogni essere, non solo per i pochi che ci somigliano. Le differenze di religione, di ideologia, di razza, quelle esistenti tra i sistemi economici, sociali e politici sono tutte secondarie.

Essere saggiamente egoisti

Metti gli altri al primo posto. Funziona anche da un punto di vista egoistico. Lascia che ti spieghi perché. Tu aspiri alla felicità e non alla sofferenza. Ora, se offri agli altri gentilezza, amore e rispetto, si comporteranno allo stesso modo e sarai più felice. Se agli altri offri rabbia e odio, ti ricambieranno con la stessa moneta, facendoti perdere la felicità. Per questo motivo dico che, se sei egoista, devi essere *sag-*

giamente egoista. Il normale egoismo si concentra soltanto sui tuoi bisogni mentre, se sei saggiamente egoista, tratterai gli altri esattamente come coloro che ti sono vicini. Questa strategia finirà per renderti più soddisfatto e felice. Anche da un punto di vista egoistico si ottengono dunque migliori risultati rispettando gli altri, aiutandoli e concentrando meno l'attenzioni su se stessi.

Se ti prendi cura degli altri, il tuo benessere è automaticamente garantito. Prendiamo in considerazione le nonvirtù fisiche e verbali, da cui dipende l'essere nati in una brutta situazione. Un individuo con una visione ristretta, ad esempio, evita di uccidere per non accumulare un karma negativo, che andrebbe a imprimersi nella sua mente. Un altro, con un punto di vista un poco più ampio, evita di uccidere pensando che altrimenti non potrebbe compiere una buona trasmigrazione nella quale continuare la pratica per uscire definitivamente dal circolo dell'esistenza ciclica. Gli altruisti, invece, considerando la vita altrui importante quanto la propria, evitano di uccidere poiché vogliono proteggere la vita dei loro simili. L'affetto per gli altri rende molto più forte la motivazione per cui ci si astiene dall'uccidere. Coloro che sono mossi solo dall'attenzione verso di sé possono pensare che, anche se commettono un tale misfatto, potranno pur sempre confessarlo e tentare così di migliorare il karma, mentre chi dà valore alla vita dell'altro è sensibile alla sua sofferenza e sa che la confessione di un omicidio non aiuterà la vittima. Lo stesso vale per il furto, l'adulterio, la frode, gli scontri verbali, la rudezza nell'esprimersi e anche, ne sono convinto, le chiacchiere insensate.

Un altro motivo per cui preoccuparsi per gli altri è così importante è che in questo modo si mette in una giusta prospettiva la propria situazione. Vi fu un momento in cui ero estremamente rattristato per la situazione in Tibet, ma poi ricordai di aver preso i voti del Bodhisattva e che ogni giorno riflettevo ripetutamente sulla preghiera di Shantideva:

Sino a quando esisterà lo spazio
E sino a quando vi saranno esseri viventi,
Sino ad allora possa anch'io essere presente,
Per poter eliminare le sofferenze del mondo.

Non appena queste parole mi vennero alla mente, quella greve sensazione scomparve immediatamente, come se mi fossero stati sfilati di dosso abiti pesanti.

L'impegno altruistico ci libera dalle motivazioni specifiche di sconforto, collocandole in una prospettiva più ampia; tali difficoltà non devono scoraggiarti. Gran parte dei problemi, delle preoccupazioni e della tristezza che costellano questa vita derivano dall'attaccamento per noi stessi. Come ho detto prima, essere saggiamente egoisti non è negativo, mentre un egoismo miope, teso soltanto a ottenere un appagamento immediato, è controproducente. Un punto di vista limitato rende insopportabile anche un piccolo problema. La preoccupazione per tutti gli esseri senzienti amplia il nostro orizzonte, avvicinandoci alla realtà. Un atteggiamento altruistico aiuta quindi a ridurre immediatamente il proprio dolore.

Quello che ti chiedo con maggiore sollecitudine, indipendentemente dal fatto che tu abbia o meno una fede religiosa, è di praticare l'amore, la compassione e la gentilezza. Giungerai così a capire la loro importanza per la tua pace mentale. Dopotutto, anche se non ti preoccupi degli altri, sei molto preoccupato per te – su questo non ci sono dubbi – e quindi è evidente che vuoi raggiungere la pace mentale ed essere più felice nella vita quotidiana. Se pratichi con più frequenza la gentilezza e la tolleranza sarai più sereno. Non c'è bisogno di cambiare i mobili in casa né di traslocare. Il tuo vicino sarà forse una persona estremamente rumorosa e difficile ma, se la tua mente è tranquilla e in pace, non ti darà troppo fastidio.

Ecco perché dico che, se sei davvero egoista, sarà meglio per te essere saggiamente egoista. Potrai così soddisfare la tua ricerca egoistica di felicità. È molto meglio che essere concentrati esclusivamente su di sé o stupidamente egoisti, atteggiamenti che non portano a nulla.

Visualizzazione

La seguente tecnica di visualizzazione è molto utile nella pratica quotidiana.

1. Mantieniti calmo e ragionevole.
2. Davanti a te, sulla destra, immagina un altro te stesso come una massa compatta di egoismo concentrato solo su di sé, il tipo di persona che farebbe qualsiasi cosa pur di soddisfare un desiderio.
3. Davanti a te, sulla sinistra, visualizza un gruppo di persone povere che non abbiano alcun rapporto con te, tra cui alcune prive di qualsiasi mezzo, bisognose e sofferenti.
4. Nell'osservare le immagini di destra e di sinistra mantieniti calmo e senza preconcetti. Pensa: «Entrambi vogliono la felicità, entrambi vogliono affrancarsi dalla sofferenza. Entrambi hanno il diritto di raggiungere questi obiettivi».
5. Considera quanto segue: spesso lavoriamo a lungo e duramente per ottenere uno stipendio più alto. Oppure spendiamo moltissimo denaro nella speranza di ottenerne molto di più e siamo disposti a fare temporaneamente dei sacrifici in vista di un guadagno a lungo termine. Secondo questa stessa logica, è assolutamente sensato che un singolo individuo compia dei sacrifici in nome di un bene più grande. Naturalmente la tua mente sarà più favorevole all'immagine di sinistra, dove maggiore è il numero delle persone sofferenti.
   Come osservatore privo di preconcetti, considera adesso il tuo io egoistico dell'immagine di destra, che non si cura del benessere di tutte quelle persone nonostante le loro terribili sofferenze. Essere così è semplicemente sbagliato. Sebbene entrambe le visualizzazioni abbiano

un eguale diritto alla felicità, è impossibile trascurare gli impellenti bisogni dei più. Il punto è che tu devi porti al servizio degli altri esseri e prestare loro aiuto.

Questo stato mentale è innegabilmente difficile ma, se lo pratichi con grande determinazione, anno dopo anno la tua mente cambierà, compirà dei progressi. A metà degli anni Sessanta, tenni alcune lezioni su *Gli stadi del sentiero verso l'illuminazione* di Tsongkhapa, durante i quali dissi che, se avessi raggiunto il primo livello della vera cessazione delle emozioni afflittive, mi sarei preso una lunga pausa di riposo. La pensavo davvero così. Anche se ammiravo l'altruismo, mi sembrava troppo difficile coltivarlo. Poi, attorno al 1967, ascoltai alcune lezioni tenute dal Lama Kagyu Tenzin Gyeltsen su *La via del Bodhisattva* di Shantideva, e cominciai a riflettere profondamente sul suo significato, così come su quello della *Preziosa ghirlanda* di Nagarjuna. Finii per cominciare a credere che, col tempo, sarei riuscito a sviluppare un alto grado di compassione. È ormai dal 1970 che, ogni mattina, quando medito sull'altruismo, piango. È così che avviene la trasformazione. Non ritengo di avere sviluppato un alto grado di altruismo, ma sono fiducioso di riuscirci.

Anche se la tua esperienza della motivazione altruistica è limitata, ti assicurerà una certa pace mentale. Prendendosi cura degli altri si acquisisce una grande capacità di trasformare la propria mente. Se pratichi la compassione nei confronti di tutti gli esseri viventi – animali inclusi – ti verranno attribuiti meriti altrettanto grandi.

Prendere consapevolezza della nostra responsabilità

Anche se per il momento ti prendi cura più di te stesso che degli altri, puoi almeno cominciare ad accorgerti che ignorare i tuoi simili non è giusto. Siamo esseri umani con una capacità di giudizio ma, se usiamo questa nostra prerogativa esclusivamente a fini personali e non per il bene altrui, non ci comportiamo meglio degli animali. Le formiche, tanto per fare un esempio, lavorano in modo disinteressato per la comunità. Al paragone, noi esseri umani non siamo sempre così bravi. Poiché si presume che siamo esseri viventi superiori, dobbiamo agire di conseguenza.

Se guardiamo alla storia del mondo, vedremo che la maggior parte delle grandi tragedie, quelle che hanno comportato un numero terribile di vittime, sono state causate dagli esseri umani. Sono loro a provocare le catastrofi. Oggi milioni di persone vivono nella costante paura di conflitti razziali, etnici ed economici. Chi è responsabile di questa paura? Non certo gli animali. Tra le conseguenze della guerra vi è la morte di molti animali, ma la cosa non ci preoccupa; ci preoccupiamo unicamente di noi. Si parla molto di fermare la guerra ma dobbiamo andare al di là delle semplici intenzioni. Qual è il nostro valore di esseri umani se viviamo senza provare alcuna compassione, senza mostrare alcuna preoccupazione, semplicemente uccidendo e mangiando animali, combattendo e assassinando migliaia di persone? È nostro dovere rimediare a questa situazione.

Oggi la televisione è uno dei principali mezzi di comunicazione. Le persone che vi lavorano e desiderano praticare la nobile idea di prendersi cura degli altri possono dare un contributo sostanziale. Sebbene le storie di passione e di violenza omicida rappresentino un intrattenimento eccitante, a livello profondo hanno influenze negative sulla mente. Non è bene sottoporsi di continuo a questo genere di svago, anche se probabilmente la cosa non mi dovrebbe riguardare!

Dobbiamo educare i nostri figli alla pratica della compassione. Insegnanti e genitori possono instillare nei bambini valori umani veri e dettati dall'affetto, che daranno grandissimi benefici. Ho notato su un giornale che una ditta di giocattoli, che normalmente produce armi giocattolo, ha deliberatamente deciso di interrompere tale produzione nel periodo natalizio. Che idea meravigliosa! Un'azione davvero altruistica!

La decisione di raggiungere l'illuminazione

Una volta giunti al punto di desiderare con forza di fare tutto il possibile per alleviare la sofferenza ed eliminarne le cause, e per aiutare gli esseri viventi a conseguire la felicità, si tratta di riflettere su come sia possibile arrivare a ciò. Questo può accadere soltanto se anche gli altri apprenderanno le pratiche che ci hanno portato a tale risultato. L'impegno per il massimo benessere degli altri sarà dunque adempiuto nel modo migliore se si insegna loro come praticare e come evitare certi comportamenti, affinché loro stessi abbiano la forza di conseguire la felicità e di liberarsi dalla sofferenza. Non ci sono altre vie. Perché ciò si verifichi devi conoscere le inclinazioni e gli interessi più profondi di queste persone, e sapere bene che cosa insegnare loro.

Se si vuole aiutare gli altri occorre dunque un'ottima preparazione. In che cosa consiste tale preparazione? Bisogna eliminare ogni ostacolo mentale che impedisca di sapere tutto ciò che è possibile sapere. I Bodhisattva, ossia coloro che praticano la compassione, in realtà non vogliono semplicemente superare gli impedimenti che li separano dalla liberazione, ma vogliono aprire la via verso l'onniscienza così da poter accedere alle inclinazioni degli altri e capire quali tecniche possano aiutarli. Se si trattasse semplicemente di una questione di scelte, i Bodhisattva sceglierebbero anzitutto di eliminare gli ostacoli che impediscono l'onniscienza. Tuttavia sono le emozioni afflittive (che ci tengono intrappolati nell'esistenza ciclica) a creare gli ostacoli all'onniscienza, con predisposizioni mentali che fanno sì che i fenomeni *appaiano* come se fossero di per sé esistenti. Se non si supera anzitutto la principale emozione afflittiva – l'ignoranza che *crede* in un'esistenza intrinseca – non sarà possibile superare le predisposizioni che tale ignoranza ha depositato nella mente. Purificando gli ostacoli afflittivi e le predisposizioni che li hanno creati, è possibile trasformare la propria coscienza in quella onnisciente di un Buddha, e cioè nella piena illuminazione.

Riassumiamo: se si vuole conseguire la completa felicità degli altri, è necessario diventare illuminati. Quando si arriva a comprendere questo e si decide di cercare l'illuminazione per il loro bene, parliamo di intenzione altruistica verso l'illuminazione, o *bodhichitta*. Seguendo la pratica di Shantideva, che consiste nel vedere sé e gli altri uniti in una stessa tensione verso la felicità, spostando poi l'attenzione dai propri obiettivi a quelli di un numero infinito di altre persone, è possibile generare dentro di sé la forza del *bodhichitta*.

Esistono tre forme diverse di atteggiamento altruistico che trovano un'analogia in tre categorie di individui. La prima è quella del monarca che desidera raggiungere anzitutto la buddhità come modo più efficace per aiutare altri esseri. La seconda è quella del marinaio, che desidera raggiungere l'altra sponda dell'illuminazione insieme a tutti gli altri esseri. La terza è quella del pastore, il quale desidera che tutti gli altri raggiungano subito la buddhità, prima della sua illuminazione.

Le ultime due analogie indicano soltanto l'atteggiamento compassionevole di certi tipi di praticanti; in realtà non esiste il caso del marinaio, in cui tutti raggiungono simultaneamente l'illuminazione, né quello del pastore, in cui gli altri diventano per primi illuminati. L'illuminazione, invece, giunge sempre secondo la prima modalità, quella del monarca, poiché i Bodhisattva alla fine decidono di diventare illuminati il più rapidamente possibile, così da fornire agli altri un aiuto più efficace su larga scala. Come dice il saggio tibetano Sakya Pandita in *Differenziazione dei tre voti*, i Bodhisattva hanno due tipi di desideri-preghiera, quelli che possono e quelli che non possono essere esauditi. Nella *Via del Bodhisattva* di Shantideva si trovano molti esempi di desideri che non possono essere esauditi ma che esistono per far crescere in noi una forte volontà e una forte determinazione. La pratica del donare la propria felicità e dell'assumere su di sé il dolore di altri, ad esempio, è di fatto irrealizzabile, se non per forme minori di sofferenza. Perciò, così come il vero scopo di questa pratica è quello di aumentare la forza della compassione, le analogie del marinaio e del pastore servono a indicare quanto sia intenso nei Bodhisattva il desiderio di aiutare gli altri.

Permettetemi ora di fornirvi un esempio di questa abnegazione portata a un livello di esperienza profonda. Nel monastero di Drashikyil, nella regione nordorientale del Tibet, viveva un praticante di nome Amdo, dedito agli studi. Nel 1950, durante l'invasione da parte della Cina comunista, dei tremila monaci di quel monastero mille furono arrestati e cento condannati a morte. Amdo era uno di loro. Quando lo portarono davanti al plotone di esecuzione, appena prima di essere ucciso recitò questa preghiera:

> Possano tutte le cattive azioni, gli ostacoli e le sofferenze degli esseri viventi
> Venire trasferite su di me, senza eccezione, in questo istante,
> E che la mia felicità e i miei meriti siano trasferiti ad altri.
> Possano tutte le creature essere colme di felicità!

In quei brevi istanti che precedettero la sua morte, ebbe la presenza spirituale di ricordare la pratica dell'assumere su di sé il dolore di altri e del fare dono della propria felicità! È facile parlare di una simile pratica quando tutto va bene, ma lui riuscì a metterla in atto proprio nel momento più difficile. Questa è una chiara indicazione dei risultati che si acquisiscono con una pratica prolungata.

❖ ❖ ❖

Come si legge nella *Via del Bodhisattva* di Shantideva, se un cieco trova un gioiello in mezzo a un mucchio di spazzatura ne trarrà grande gioia. Se in mezzo alla spazzatura della passione, dell'odio e dell'ignoranza – le emozioni che affliggono la nostra mente e il nostro mondo – diamo vita a un atteggiamento compassionevole, dovremo gioirne come se avessimo trovato un gioiello. Questa preziosa scoperta può darci la felicità e un'autentica tranquillità. Le alternative, come ad esempio fare una vacanza o assumere droghe, ci procurerebbero soltanto un sollievo temporaneo. Un atteggiamento disciplinato di sincera preoccupazione per gli altri, nel quale si prova una gioia maggiore per il prossimo che non per se stessi, è di aiuto a te e agli altri. Non danneggia nessuno, né a breve né a lungo termine. La compassione è un gioiello inestimabile.

Abbi costantemente cura degli altri. Se non puoi aiutarli, non fare loro del male. Questo è il significato essenziale della pratica dell'etica.

❖ ❖ ❖

Riepilogo per la pratica quotidiana

Pratica quotidianamente la visualizzazione in cinque fasi precedentemente descritta.

1. Sii calmo e lucido.
2. Davanti a te, sulla destra, immagina un altro te stesso, egoista e concentrato sul proprio benessere.
3. Davanti a te, sulla sinistra, immagina un gruppo di poveri, di esseri sofferenti che non hanno con te alcun rapporto, che non ti sono né amici né nemici.
4. Osserva queste due immagini dal tuo punto di vista privilegiato perché contraddistinto dalla calma. Adesso pensa: «Entrambi vogliono la felicità. Entrambi vogliono liberarsi della sofferenza. Entrambi hanno il diritto di raggiungere questi obiettivi».
5. Rifletti su quanto segue: come siamo solitamente disposti a fare sacrifici temporanei per un bene di cui godremo in un futuro più lontano, così il beneficio dei molti esseri sofferenti alla tua sinistra è molto più importante di quell'unico individuo egoista che sta alla tua destra. Osserva come la tua mente si volga naturalmente verso l'immagine di sinistra.

VI
Aspirare all'illuminazione

Perché cercare l'illuminazione?

La compassione è la chiave per raggiungere un livello etico più profondo, ma come possiamo aiutare gli altri se siamo vittime di atteggiamenti sbagliati? Se non avremo noi stessi raggiunto un punto di vista migliore, ci risulterà difficile aiutare gli altri nei termini che abbiamo fin qui descritto. Così come per aiutare degli analfabeti è indispensabile aver ricevuto un'istruzione, allo stesso modo per prestare aiuto a un così grande numero di esseri senzienti dobbiamo aver raggiunto la buddhità. Soltanto un Buddha infatti possiede tutte le qualità necessarie per aiutarli: la conoscenza di tutte le tecniche per lo sviluppo spirituale e una chiaroveggente conoscenza delle loro emozioni, dei loro interessi, delle loro inclinazioni, e così via. Quando, grazie alla pratica della compassione, ti senti spinto a prenderti cura del prossimo, è giunto il momento che prendano piede nuovi valori. Perché questi nuovi valori mettano radici nel terreno della mente, esso va preparato con il rito dell'aspirazione all'illuminazione.

Sei già in possesso delle qualità di base necessarie al raggiungimento della piena illuminazione, che è la natura luminosa e cognitiva della tua mente. Concentrati dunque sul seguente pensiero: «Raggiungerò un'illuminazione perfetta e insuperata per il bene degli esseri senzienti nello spazio illimitato». Coltiva questa intenzione finché non diventa forte. Il rito dell'aspirazione all'illuminazione altruistica facilita molto questo processo.

Sette pratiche meritorie

Questo rito, che dovrebbe entrare a fare parte della tua meditazione quotidiana, è costituito da sette fasi, seguite da una speciale offerta. Tali pratiche aumentano i tuoi meriti che, a loro volta, ti condurranno più sicuramente alla trasformazione. Grazie a tali forme di devozione intensificherai l'impegno a essere compassionevole; come puoi vedere qui di seguito, ognuna delle fasi implica un atteggiamento di devozione a quegli esseri speciali che insegnano la compassione.

1. *Omaggio*. Immagina Shakyamuni Buddha circondato da innumerevoli Bodhisattva che occupano il cielo davanti a te, e rendi loro omaggio con il corpo, con la parola e con la mente. Unisci il palmo delle mani e senti con intensità che ti stai rifugiando rispettosamente nei Buddha e nei Bodhisattva. Ripeti a voce alta la frase: «Omaggio al Shakyamuni Buddha e ai Bodhisattva».
2. *Offerta*. Presenta alcune offerte, ad esempio frutta o incenso. Immagina tutto ciò che si presta a essere offerto – che ti appartenga o meno –, incluso il corpo, le risorse di cui disponi e la tua virtù. Poi immagina di offrirli nella loro interezza a Buddha e ai Bodhisattva.
3. *Confessa le cattive azioni*. Noi tutti siamo stati responsabili di innumerevoli cattive azioni compiute con il corpo, con la parola e con la mente, e motivate dal desiderio di fare del male. Nello spirito di una piena confessione, fa' sì che sorga in te un senso profondo di pentimento per averle commesse, come se con queste azioni avessi ingerito del veleno. Ripromettiti di astenerti da commetterne in futuro, come se potessero costarti la vita. Pensa: «Dal profondo del mio cuore confesso a Buddha e ai Bodhisattva le cattive azioni che ho commesso». Il modo principale per purificare le azioni cattive è il pentimento. Più ti penti e più forte sarà la volontà di non ripeterle in futuro.

4. *Ammirazione*. Ammira dal profondo del cuore le azioni virtuose, tue e degli altri. Gioisci di ciò che hai fatto di buono nel corso di questa esistenza. Concentrati su specifiche buone azioni, ad esempio su un determinato atto di carità. Il fatto che in questa esistenza tu disponga di un corpo umano, e della possibilità di praticare l'altruismo, è prova di azioni virtuose in esistenze precedenti. Gioisci anche di tali virtù e ripeti a te stesso la frase: «Ho davvero fatto qualcosa di buono». Gioisci inoltre delle virtù altrui, che tu ne sia stato o meno testimone. Gioisci delle innumerevoli virtù dei Buddha e dei Bodhisattva nel corso del tempo illimitato. Deliziandoti delle virtù tue e degli altri eviterai di pentirti delle tue azioni virtuose (pensando ad esempio che sarebbe stato meglio non fare quell'atto di carità, poiché ha ridotto il tuo conto in banca), e riuscirai inoltre a non ingelosirti delle buone azioni altrui e a non diventare competitivo.
5. *Preghiera*. Chiedi ai Buddha che, pur avendo raggiunto l'illuminazione piena, non si sono ancora dedicati a insegnare la dottrina spirituale, di farlo per il bene di tutti coloro che soffrono.
6. *Supplica*. Prega i Buddha che non muoiano. Si tratta di una richiesta specifica ai Buddha che hanno dato insegnamenti e che si avvicinano al momento della morte.
7. *Dedica*. Anziché finalizzare la pratica descritta nelle fasi precedenti a un benessere e una felicità temporanei di cui godere nel corso di questa esistenza o della prossima, o semplicemente alla liberazione dall'esistenza ciclica, dedicati al raggiungimento del grado più elevato di illuminazione. Pensa quanto segue: «Che queste azioni mi aiutino a raggiungere un'illuminazione piena e perfetta per il bene di tutti gli esseri senzienti».

Immagina poi che il mondo intero sia stato purificato e offrilo con ogni sua meraviglia ai Buddha e ai Bodhisattva. Questa speciale offerta nutre la compassione, donando tutto quanto vi è di desiderabile a coloro che la insegnano.

Impegnarsi ad aiutare gli altri

Adesso sei pronto per il rito dell'aspirazione all'illuminazione finalizzato a prendersi cura degli altri. È composto di due parti, la prima delle quali consiste nel recitare una breve invocazione per cercare rifugio: «Finché non raggiungerò l'illuminazione cerco rifugio in Buddha, nella dottrina e nella comunità spirituale suprema». Nella sua forma più compassionevole, il rifugio è l'unione di tre atteggiamenti:

1. la preoccupazione per la condizione di sofferenza di tutti gli esseri e non solo di se stessi. La preoccupazione, inoltre, che gli esseri umani non cerchino semplicemente un sollievo dalla sofferenza come singoli individui ma aspirino all'illuminazione altruistica della buddhità;
2. la fede in Buddha, negli stati di consapevolezza e nella comunità spirituale, ferma restando la convinzione che grazie a loro tutti gli esseri troveranno la libertà da ogni sofferenza;
3. la compassione, e cioè l'incapacità di sopportare passivamente la condizione di altrui schiavitù nei confronti della sofferenza.

Sappi che Buddha è il maestro del rifugio, che le vere vie e le vere cessazioni sono il rifugio vero e proprio, e che i Bodhisattva giunti a comprendere direttamente la vera natura dei fenomeni sono la nostra comunità spirituale, che conduce tutti gli esseri senzienti al rifugio.

Raggiunto questo livello di conoscenza, aspira all'illuminazione più elevata recitando: «Grazie ai meriti ottenuti con ciò che ho donato, con l'etica, la pazienza, l'impegno, la concentrazione e la saggezza, possa io conseguire la buddhità per aiutare tutti gli esseri». E intanto pensa quanto segue: «Grazie alla forza di questi valori, possa io conseguire la buddhità, non per essere di aiuto a me stesso ma per servire tutti gli esseri senzienti, così da aiutarli a conseguire la buddhità». Si riuscirà in questo modo a sviluppare una volontà compassionevole di diventare illuminati in forma di preghiera.

Giungiamo così alla parte centrale del rito. Desiderando intensamente di conseguire la buddhità per porti al servizio di altri esseri, immagina di avere davanti a te un Buddha o, in sua rappresentanza, il tuo maestro spirituale.

1. Recita quanto segue come se lo ripetessi dopo averlo sentito dire da Buddha:

> Finché non avrò raggiunto l'illuminazione cerco rifugio in Buddha, nella dottrina e nella comunità spirituale suprema.
>
> Grazie ai meriti ottenuti con ciò che ho donato, con l'etica, la pazienza, l'impegno, la concentrazione e la saggezza, possa io conseguire la buddhità per aiutare tutti gli esseri.

Così dicendo orienti le tue azioni virtuose non verso qualche obiettivo limitato di questa vita o della prossima, ma verso il più grande degli obiettivi: il raggiungimento di una libertà totale per tutti gli esseri. Sviluppa questo atteggiamento con grande determinazione.

2. Ripeti una seconda volta, con maggiore determinazione a fare di questo obiettivo altruistico un impegno costante della tua vita quotidiana:

> Finché non avrò raggiunto l'illuminazione cerco rifugio in Buddha, nella dottrina e nella comunità spirituale suprema.
>
> Grazie ai meriti ottenuti con ciò che ho donato, con l'etica, la pazienza, l'impegno, la concentrazione e la saggezza, possa io conseguire la buddhità per aiutare tutti gli esseri.

3. Ripeti una terza volta dal profondo del cuore, con ancor più salda risolutezza. Decidi in modo definitivo e assolutamente razionale – indifferente alle circostanze – che il benessere di un numero così elevato di altri esseri viventi è molto più importante del tuo. Pensa: «Adesso che ho una così grande opportunità, che cosa può essere

più importante di lottare a beneficio degli altri! Da adesso in avanti, e con il massimo impegno, smetterò di concentrarmi sul mio benessere per dedicarmi totalmente al progresso di tutti gli esseri. Per riuscirvi raggiungerò un'illuminazione perfetta e insuperata».

Recita:

Finché non avrò raggiunto l'illuminazione cerco rifugio in Buddha, nella dottrina e nella comunità spirituale suprema.

Grazie ai meriti ottenuti con ciò che ho donato, con l'etica, la pazienza, l'impegno, la concentrazione e la saggezza, possa io conseguire la buddhità per aiutare tutti gli esseri.

Così si conclude il rito, grazie al quale semini e alimenti una compassione profonda e priva di esitazioni.

Continuare a impegnarsi per gli altri in questa vita

Quattro sono le pratiche miranti a impedire il deterioramento di tale altruismo in questa vita.

1. Anzitutto fa' in modo di aspirare all'obiettivo dell'illuminazione per il bene degli altri con sempre maggiore entusiasmo, rammentandoti ripetutamente dei benefici che ne derivano.
2. Accresci la tua attenzione per il prossimo dividendo il giorno e la notte in tre parti. All'inizio di ognuna di queste parti dedicherai un momento, anche interrompendo il sonno, per praticare la visualizzazione in cinque fasi descritta nel capitolo precedente, sia pure per soli cinque minuti. Questa pratica è molto efficace, e diventa un'abitudine, come mangiare a una certa ora. Se non ti è possibile farlo con tale frequenza, visualizza le fasi tre volte in una seduta mattutina della durata di circa quindici minuti, e fai lo stesso alla sera. Rifletti sul significato del tuo obiettivo: «Che io possa conseguire la più elevata illuminazione per il bene degli altri!».

3. La pratica successiva richiede un atteggiamento vigile: nel cercare di raggiungere la più elevata illuminazione per il bene di *tutti* gli esseri, assicurati di non trascurare mentalmente il benessere di nemmeno uno di loro.
4. Cerca di accumulare più che puoi meriti e saggezza. Per aumentare i meriti, dedicati con spirito volenteroso a pratiche virtuose come la generosità e l'etica. Per accumulare saggezza, devi arrivare a comprendere il vero modo in cui esistono i fenomeni. Poiché si tratta di un argomento complesso, lo esploreremo in dettaglio nei capitoli ottavo, nono e decimo. Per adesso mi limiterò a dire che è utile riflettere su come l'origine e l'esistenza dei fenomeni dipendano da determinate cause e condizioni.

Continuare a impegnarsi per gli altri nelle esistenze future

Nelle esistenze future l'intenzione compassionevole di diventare illuminati potrebbe indebolirsi. Puoi impedire che ciò accada rinunciando alle quattro pratiche malsane qui elencate, e addestrandoti alle quattro pratiche sane che seguono subito dopo.

Quattro pratiche malsane

1. Ingannare una persona di alto rango come un abate, un monaco che officia le ordinazioni, un lama o un altro praticante, in merito ad azioni negative da te compiute.
2. Indurre altri, impegnati in pratiche virtuose, a pentirsi di quello che stanno facendo.
3. Criticare o sminuire coloro che esprimono compassione per gli altri.
4. Ingannare e tramare allo scopo di ottenere i servigi di altri.

Quattro pratiche sane

1. Non mentire mai a nessuno. Costituiscono un'eccezione i casi in cui la menzogna può risultare di grande beneficio per altri, ma si tratta di casi rari.
2. Aiuta gli altri, direttamente o indirettamente, a muoversi verso l'illuminazione altruistica della buddhità.
3. Considera e tratta i Bodhisattva con lo stesso rispetto dovuto a Buddha. Poiché non siamo in grado di sapere chi è un Bodhisattva e chi non lo è, dobbiamo trattare tutti gli esseri umani con rispetto. Come regola generale, poni sempre gli altri al di sopra di te.
4. Non ingannare mai nessuno e mantieniti sempre onesto.

Se sei deciso ad addestrarti a queste pratiche così da sviluppare in te la determinazione necessaria per conseguire la buddhità per gli altri, fai questa promessa: «Persisterò nella mia determinazione e non cederò mai». Coloro che non sono in grado di raggiungere questo livello di addestramento possono rinunciare alla promessa e pensare: «Possa io conseguire la più elevata illuminazione per il bene di tutti gli esseri!». Coloro che non sono buddhisti – cristiani, ebrei, musulmani, e così via – possono adottare un atteggiamento egualmente valido di attenzione verso gli altri pensando: «Porterò aiuto e felicità a tutti gli esseri».

L'intenzione pratica di raggiungere l'illuminazione

Quando l'aspirazione a raggiungere l'illuminazione è salda, va messa in pratica attraverso le azioni. Queste ultime si chiamano azioni Bodhisattva, e tra di esse le principali sono le sei perfezioni.

1. *Dono*, che comprende: 1) donare cose materiali come denaro, abiti e cibo; 2) dare amore; 3) insegnare dottri-

ne e pratiche spirituali; 4) dare sollievo a tutti gli esseri in preda alla paura, inclusi gli animali; aiutare anche una formica a uscire da una pozzanghera.

2. *Etica*, che si riferisce soprattutto all'atteggiamento altruistico e al comportamento dei Bodhisattva.
3. *Pazienza*, che si mostra in situazioni di difficoltà o quando si hanno compiti ardui, come ad esempio apprendere gli insegnamenti e praticare per un periodo esteso nel tempo.
4. *Impegno*, che conserva l'entusiasmo per la virtù e assiste tutte le altre perfezioni.
5. *Concentrazione*, e cioè la pratica di una meditazione intensa e costante, che descriverò nel settimo capitolo.
6. *Saggezza*, necessaria per la comprensione della natura ciclica dell'esistenza e dell'impermanenza, così come dell'origine-dipendente e della vacuità.

Le sei perfezioni possono essere diversamente raggruppate nei tre addestramenti del Bodhisattva: l'addestramento alla perfezione dell'etica (che include le perfezioni del dono e della pazienza), l'addestramento alla perfezione della concentrazione e l'addestramento alla perfezione della saggezza. Per ognuno di questi tre addestramenti è richiesta la perfezione dell'impegno. Quindi le sei perfezioni sono racchiuse nella triplice pratica dell'etica, della meditazione concentrata e della saggezza, che è il tema di questo libro.

Quando arrivi a sentire nel profondo del cuore la necessità di dedicarti ad azioni Bodhisattva – e cioè le sei perfezioni o, da un altro punto di vista, la triplice pratica – è giunto il momento di prendere i voti del Bodhisattva che riguardano l'intenzione *pratica* di diventare illuminato.

❖ ❖ ❖

Gli esseri umani sono per loro natura accomunati dal desiderio di conseguire la felicità e di evitare la sofferenza. Condividono inoltre la possibilità di raggiungere tali obiettivi, ai quali hanno tutti uguale diritto. Qual è dunque la differenza tra te e gli altri? Tu costituisci una minoranza composta da una sola persona. È facile comprendere che i molti esseri senzienti che aspirano alla felicità e desiderano la cessazione di tutte le sofferenze sono più importanti di un singolo individuo. È dunque assolutamente ragionevole che tu ti dedichi al benessere di innumerevoli altre persone, che usi il corpo, la parola e la mente per il loro bene, e che abbandoni un atteggiamento di esclusiva attenzione per te stesso.

Riepilogo per la pratica quotidiana

Completa anzitutto le sette fasi preliminari:

1. *Rendi omaggio* al Shakyamuni Buddha circondato da innumerevoli Bodhisattva, immaginandoteli che occupano il cielo davanti a te.
2. *Offri* tutte le cose meravigliose – che siano o meno di tua proprietà – incluso il corpo, le risorse e la virtù, ai Buddha e ai Bodhisattva.
3. *Confessa* le innumerevoli cattive azioni che hai compiuto con il corpo, la parola e la mente, nel desiderio di fare del male agli altri. Pentiti per averle commesse e impegnati ad astenertene in futuro.
4. *Ammira* dal profondo del cuore le tue e le altrui virtù. Gioisci delle buone azioni che hai compiuto in questa vita e in quelle precedenti, pensando: «Ho compiuto buone azioni». Gioisci delle virtù degli altri, incluse quelle dei Buddha e dei Bodhisattva.
5. *Prega* i Buddha che, pur avendo raggiunto l'illuminazione piena, non si sono ancora dedicati all'insegnamento, di cominciare a farlo per il bene di coloro che soffrono.
6. *Supplica* i Buddha di non morire.
7. *Dedica* le sei pratiche precedenti al raggiungimento della più elevata illuminazione.

Affronta quindi la parte centrale del rito per aspirare all'illuminazione:

1. Fortemente determinato a raggiungere la buddhità per servire gli altri esseri, immagina di avere di fronte un Buddha o il tuo maestro spirituale come suo rappresentante.
2. Recita tre volte quanto segue, come se lo stessi ripetendo dopo averlo sentito da lui:

Finché non avrò raggiunto l'illuminazione cerco rifugio in Buddha, nella dottrina e nella comunità spirituale suprema.

Grazie ai meriti ottenuti con ciò che ho donato, con l'etica, la pazienza, l'impegno, la concentrazione e la saggezza, possa io conseguire la buddhità per aiutare tutti gli esseri.

Per conservare e rafforzare un profondo altruismo nel corso di questa esistenza, fai quanto segue:

1. Ricorda ripetutamente i benefici derivanti dal coltivare l'intenzione di diventare illuminato per il bene degli altri.
2. Dividi il giorno e la notte in tre parti e all'inizio di ognuna di esse dedica un momento, anche interrompendo il sonno, per praticare la visualizzazione in cinque fasi illustrata nel capitolo precedente. È sufficiente visualizzare le cinque fasi per tre volte in una seduta mattutina di circa quindici minuti e tre volte in una seduta serale della stessa durata.
3. Evita di trascurare mentalmente il benessere di anche un solo essere.
4. Nei limiti del possibile, dedicati ad attività virtuose con un atteggiamento positivo e cerca di raggiungere una comprensione, anche generica, della vera natura della realtà, oppure mantieni l'intenzione di farlo e impegnati in tal senso.

Per mantenere e rafforzare un profondo altruismo nelle esistenze future:

1. Non mentire mai a nessuno, a meno che, grazie alla menzogna, tu non possa offrire ad altri un grande aiuto.
2. Aiuta direttamente o indirettamente il prossimo a progredire verso l'illuminazione.
3. Tratta tutti gli esseri con rispetto.
4. Non ingannare mai nessuno e mantieniti sempre onesto.

In sintesi, pensa costantemente: «Possa io diventare capace di aiutare tutti gli esseri».

Parte terza

La pratica della meditazione concentrata

VII

Focalizzare la mente

Soffermiamoci un momento a considerare le fasi del percorso che ci conducono verso una vita piena: anzitutto viene l'etica, poi la meditazione concentrata e infine la saggezza. La saggezza si fonda sulla capacità di concentrarsi della meditazione, e la meditazione a sua volta dipende dall'autoconsapevolezza dell'etica. Negli ultimi cinque capitoli abbiamo discusso la pratica dell'etica, che ci rende più equilibrati e pacifici, mettendo la mente in condizione di progredire ulteriormente nel proprio cammino spirituale. Grazie a una modalità consapevole di comportamento è possibile giungere alla meditazione concentrata, chiamata «calma dimorante». Ma la mente è ancora troppo confusa per una meditazione che sia via via più efficace e richieda una concentrazione assoluta. Anche un piccolo rumore accidentale può immediatamente distrarla. Poiché è necessario aumentare sensibilmente la focalizzazione mentale affinché possa radicarsi in noi la saggezza, in questo capitolo tratterò del processo attraverso cui si giunge allo stato di profonda concentrazione della calma dimorante. In primo luogo descriverò brevemente i vari tipi di meditazione perché sia possibile capire quale posto occupa fra di essi.

Tipi di meditazione

Esistono molti tipi di meditazione:

- Due forme fondamentali sono la *meditazione analitica* e la *meditazione stabilizzante*. Nella prima si analizza un tema per cercare di comprenderlo con il ragionamento. Si può ad esempio meditare sul perché le cose siano impermanenti, riflettendo sulla loro origine e sulla loro caducità. Nella seconda si fissa la mente su un singolo oggetto o tema, ad esempio l'impermanenza (è infatti con la meditazione stabilizzante che si coltiva la calma dimorante).

- Si può anche distinguere tra *meditazione soggettiva* e *meditazione oggettiva*. Nella meditazione soggettiva l'obiettivo consiste nell'orientare la mente verso una visione, o una condotta, nuova e più rigorosa. Coltivare la fede ne è un esempio: la fede non è l'oggetto *su* cui ci si concentra ma un atteggiamento perseguito attraverso la meditazione. Allo stesso modo coltivare la compassione non significa meditare *sulla* compassione ma cercare di rendere più compassionevole la propria coscienza. Nella meditazione oggettiva, invece, si medita *su* un tema, ad esempio sull'impermanenza, oppure su un oggetto, ad esempio sul corpo dorato di un Buddha.
- È possibile, inoltre, *meditare in forma di desiderio*. Si può ad esempio desiderare di essere colmati dalla compassione e dalla saggezza di un Buddha.
- Ci si può poi spingere verso la *meditazione immaginativa*, in cui si immagina di avere quelle qualità che ancora non si possiedono. La pratica dello yoga della divinità, ad esempio, spinge a meditare su di sé come essere ideale il cui corpo è fatto della luce della saggezza.

Concentrerò la mia attenzione sulla pratica della meditazione stabilizzante con cui si raggiunge la calma dimorante. Come indicato in precedenza, l'obiettivo della meditazione stabilizzante è di rafforzare la capacità della mente di focalizzarsi su di un unico tema o oggetto, il che permette di risolvere i problemi alla radice. Essa contribuirà inoltre a renderti più vigile e acuto nella quotidianità, stimolando gradualmente le tue facoltà mnemoniche, utili in ogni situazione della vita.

Come raggiungere la calma dimorante

Poiché in questo genere di meditazione si tenta di raggiungere uno stato di profonda concentrazione mentale, sono necessarie le seguenti condizioni:

1. La *causa iniziale*, ossia l'etica, che genera in te un comportamento pacifico, rilassato, coscienzioso, eliminando così le distrazioni più immediate.
2. Un *luogo e un tempo* destinati alla pratica, lontani dalla frenesia della vita quotidiana. Nel corso della tua giornata trova uno spazio da dedicare alla meditazione. Per la meditazione focalizzata è essenziale stare in solitudine in un luogo tranquillo e appartato. Il rumore, infatti, impedisce la concentrazione. Ad esempio, prendi in considerazione l'idea di trascorrere una vacanza in ritiro.
3. Una *dieta* che favorisca la chiarezza mentale. Anche se in alcuni casi la carne è un alimento indispensabile, in genere è meglio seguire una dieta vegetariana. L'etica della liberazione individuale non vieta l'assunzione occasionale di carne. Non devi tuttavia cibarti di carne proveniente da animali che siano stati appositamente uccisi per te, né farne esplicita richiesta se non ti viene offerta. In realtà la cosa migliore sarebbe che quasi tutti diventassero vegetariani. Alcune scritture del Grande Veicolo proibiscono il consumo di carne, poiché prendersi cura degli altri sta alla base dell'etica del Grande Veicolo. Anche mangiare in quantità eccessiva è poco opportuno. Di bere alcolici, naturalmente, non se ne parla, e lo stesso vale per tutte le droghe che provocano alterazioni mentali. Fumare è sconsigliato. Se un uomo con la barba fumasse mentre sta entrando in uno stato di meditazione profonda, rischierebbe che la barba prenda fuoco!
4. La giusta quantità di *sonno*. Dormire troppo intorpidisce la mente, mentre dormire troppo poco può generare disturbi. Devi stabilire qual è per te la giusta quantità.

5. La *postura del corpo* è cruciale per la meditazione focalizzata, soprattutto in queste fasi iniziali. Se ci riesci, mettiti nella posizione del loto o del mezzo loto. Poni un cuscino alla base della schiena, in modo che quest'ultima venga a trovarsi più in alto delle ginocchia. In tal modo, indipendentemente da quanto tempo trascorri in meditazione, ti stancherai meno. Tendi la colonna come un arco; china leggermente la testa tenendo lo sguardo puntato davanti a te; appoggia la lingua al palato; lascia le labbra e i denti in posizione naturale e le braccia rilassate, senza stringerle contro il corpo. Per quanto riguarda la posizione delle mani, i praticanti giapponesi di zen di solito appoggiano la sinistra sopra la destra, con i palmi rivolti verso l'alto. I tibetani, invece, mettono la mano destra sopra la sinistra e anche in questo caso i palmi sono rivolti verso l'alto. Nella pratica tantrica è importante appoggiare la mano destra sopra la sinistra, con i palmi rivolti verso l'alto e i pollici che premono l'uno contro l'altro, formando un triangolo la cui base va collocata circa quattro dita sotto l'ombelico.

L'oggetto della meditazione

Molti sono i possibili oggetti della meditazione stabilizzante per conseguire la calma dimorante:

- Il respiro. Alcuni testi dicono di fare attenzione all'inspirazione e all'espirazione dal naso ma non indicano quanto debba essere profondo il respiro. Altri testi spiegano come visualizzare il movimento del respiro in particolari zone del corpo. Un esercizio di respirazione prevede di spingere verso l'alto le arie, o energie, inferiori, premendo verso il basso quelle superiori e trattenendole come in un contenitore appena al di sotto dell'ombelico.
- Il corpo, le sensazioni, la mente o fenomeni come l'impermanenza. Queste meditazioni sono chiamate «affermazioni attraverso la consapevolezza».

- La prima lettera del tuo nome su un disco di luce fuori o dentro il tuo corpo.
- Spesso in Thailandia i praticanti meditano concentrando l'attenzione su quello che stanno facendo. Se stanno camminando si concentrano sull'atto di portare in avanti il piede sinistro e poi il destro.
- In generale, un buon oggetto di meditazione per un buddhista è un'immagine del corpo del Shakyamuni Buddha, mentre per un cristiano potrebbe essere un'immagine di Gesù. Osserva l'immagine in modo che, quando chiudi gli occhi, sorga nella mente dall'interno. Medita sulla figura visualizzandola all'altezza degli occhi, non troppo in alto e non troppo in basso, a una distanza di circa 120-150 centimetri.

All'inizio è difficile riuscire a far apparire chiaro nella mente l'oggetto della meditazione. Onde evitare di indebolire la percezione non esercitarti con lunghe meditazioni, ma con sedute intense e frequenti della durata di cinque minuti (l'ideale è compiere dalle quattro alle sedici sedute quotidiane). Avrai trovato il tuo oggetto di meditazione, quando ti apparirà dall'interno. Da allora in poi concentrerai con continuità la tua mente su di esso.

Contrastare l'eccitazione e la fiacchezza

Per conseguire la calma dimorante è necessario che l'oggetto della meditazione sia contraddistinto da stabilità e chiarezza. I maggiori ostacoli a raggiungere una meditazione profonda sono l'eccitazione e la fiacchezza. L'eccitazione impedisce la stabilità. Quando la mente non rimane concentrata sull'oggetto ma si distrae o si lascia andare, l'oggetto della meditazione va perduto. C'è poi una forma sottile di eccitazione nella quale, anche se l'oggetto non è perduto, un angolo della mente pensa a qualcos'altro. Devi identificare l'eccitazione e, dopo averne preso coscienza, impedire alla mente di cadere sotto la sua influenza.

Il torpore, ossia uno stato di pesantezza fisica e mentale, è un ostacolo alla chiarezza. Il torpore inoltre genera fiacchezza, e questa a sua volta impedisce la chiarezza. Se la fiacchezza è pronunciata, la mente affonda, l'oggetto della meditazione si affievolisce e va perduto. Esiste poi una forma più sottile di fiacchezza in cui l'oggetto non va perduto, ma la sua chiarezza e quella della mente diminuiscono. In questi casi la mente è eccessivamente rilassata. La mente potrà forse riuscire a fissare abbastanza chiaramente l'oggetto della meditazione, ma senza essere davvero vigile; spesso questa condizione viene erroneamente interpretata come una meditazione corretta.

Quando la mente è troppo tesa, e ti senti eccitato, devi allentarla leggermente, come si allentano le corde di una chitarra. Allo stesso modo, quando ti senti fiacco, la mente è troppo rilassata, e allora dovrai aumentarne la tensione, come si tendono le corde di una chitarra. La mente, dunque, necessita di accordatura proprio come uno strumento musicale.

Consapevolezza e introspezione

La forza che permette di sviluppare una meditazione concentrata è la consapevolezza, e cioè la capacità di rimanere concentrati su un oggetto senza permettere che sorgano distrazioni. Si esercita la consapevolezza riportando la mente all'oggetto della meditazione ogni volta che si distrae, il che accadrà ripetutamente. Una volta acquisita questa tecnica, dovrai servirti dell'introspezione. Come si legge nella *Via del Bodhisattva* di Shantideva, la funzione specifica dell'introspezione consiste nell'esaminare periodicamente le tue attività, fisiche o mentali che siano. Durante il processo attraverso il quale si perviene alla calma dimorante, il compito dell'introspezione consiste nel determinare se la mente sia entrata, o stia per entrare, nella zona di influenza della fiacchezza o dell'eccitazione. All'inizio i periodi caratterizzati da questi opposti stati della mente saranno più frequenti ma, con l'esercizio, si diraderanno, e si allungheranno quelli in cui si riesce a mantenere la concentrazione sull'oggetto. Poco per volta anche le forme più sottili di fiacchezza ed eccitazione diminuiranno di intensità e scompariranno. In tal modo aumenterà la capacità della mente di rimanere fissa sull'oggetto di meditazione.

Quando, grazie alla consapevolezza e all'introspezione, riesci a concentrarti in modo costante sull'oggetto, sei in grado di giungere alla meditazione concentrata nel giro di sei mesi. Dapprima dovrai con grande sforzo costringere la mente a restare fissa sull'oggetto di meditazione; poi, di tanto in tanto, riuscirai abbastanza facilmente a concentrarti su di esso e man mano lo farai in modo sempre più continuo e rilassato; infine rimarrai spontaneamente concentrato sull'oggetto, senza che sia necessario alcuno sforzo per eliminare l'eccitazione e la fiacchezza. Se sarai in grado di mantenerti in questa condizione per quattro ore, in modo vigile e ininterrotto, avrai conseguito la tranquilla stabilità. Gli stati sfavorevoli, fisici e mentali, saranno scomparsi, per lasciare il posto a un supremo equilibrio del corpo e della mente. A questo punto avrai raggiunto la calma dimorante.

Qualità della calma dimorante

Per essere dotata della calma dimorante, la mente deve conquistare la *stabilità* necessaria per restare concentrata su un oggetto, ma ciò di per sé non è sufficiente. Deve inoltre essere *chiara*, ma neppure ciò è sufficiente. La sua chiarezza deve essere *intensa*, *vigile* e *acuta*; la mente non può essere neppure minimamente offuscata.

Non è facile perfezionare con queste qualità la mente per predisporla alla calma dimorante. A Dharamsala, in India, un tibetano che praticava la meditazione concentrata mi disse che coltivare la concentrazione su un punto fisso era peggio della detenzione in una prigione cinese!

Proprio perché è difficile, è importante prepararsi adeguatamente, procedendo passo dopo passo. Non sforzarti eccessivamente, soprattutto all'inizio, altrimenti potresti avere dei disturbi o addirittura un esaurimento nervoso. L'obiettivo in questa fase è la pratica quotidiana, nella quale, dopo avere scelto un oggetto di meditazione, ti concentri su di esso tentando di raggiungere e mantenere la stabilità, la chiarezza e l'intensità.

Concentrarsi sulla mente in sé

La calma dimorante può anche essere acquisita grazie a meditazioni quotidiane sulla mente in sé. Uno dei vantaggi che derivano dalla contemplazione della mente è il rafforzamento della capacità di manifestare la mente della chiara luce al momento della morte. Anzitutto individua la natura essenziale di luminosità e di saggezza della mente non contaminata dal pensiero, e poi concentrati su di essa. Questo è uno dei molti livelli dell'assenza di pensieri (affronterò la meditazione sulla natura ultima della mente nel capitolo decimo).

Per prepararti alla concentrazione sulla mente in sé devi superare gli ostacoli emotivi dedicandoti ad accumulare meriti positivi, come ad esempio coltivare la compassione secondo le modalità discusse in precedenza. Il passo successivo consiste nel prendere confidenza con la natura della propria mente. Il momento migliore per farlo è di mattina presto, appena svegli e prima che tutte le facoltà sensoriali siano entrate in attività. Gli occhi non sono ancora aperti. Osserva dentro di te la coscienza. Si tratta di un'ottima possibilità di fare esperienza della natura di chiara luce della mente. Non permettere alla mente di pensare a quanto è accaduto in passato, né di inseguire eventi che potrebbero accadere in futuro; lascia invece che essa rimanga vivida, senza elaborare pensieri, esattamente com'è. Scoprirai così la natura autentica, non artificiale, luminosa e conoscente della mente. Se resterai in questa condizione, comprenderai che la mente è come uno specchio che riflette ogni oggetto e pensiero, e che ha una natura di pura luminosità e saggezza, di pura esperienza.

Una volta riconosciuta la natura di luminosità e saggezza della mente, non ti distrarre. Rimani in quello stato servendoti della consapevolezza e dell'introspezione. Se giunge un pensiero, osservane semplicemente la vera natura: in tal modo perderà forza, dissolvendosi da solo. Se ti sforzi, puoi anche impedire che un pensiero prenda completamente forma. È tuttavia più probabile che, quando raggiungi questo stato di riconoscimento della natura fondamentale della mente incontaminata, i pensieri si dissolvano nel momento in cui si formano e, nel caso giungano, risultino privi di forza. Sappi che, come le onde dell'oceano sono fatte di acqua, i pensieri sono fatti della natura luminosa e conoscente della mente. Con una pratica quotidiana costante, i pensieri si indeboliranno e svaniranno spontaneamente.

La pratica della meditazione affina la mente e migliora la memoria, qualità certamente utili al di fuori di una pratica spirituale, ad esempio negli affari, nella gestione di una famiglia, oppure nelle professioni di insegnante, ingegnere, medico, avvocato. Questa pratica aiuta inoltre a tenere quotidianamente sotto controllo la rabbia. Quando ti irriti, puoi concentrarti sulla natura stessa della collera e renderla innocua.

Un altro beneficio di questo addestramento mentale deriva dallo stretto rapporto esistente tra corpo e mente. Quando sei giovane e in salute, la mente è potente. È perciò particolarmente utile cominciare a addestrarsi a questa età, di modo che con il trascorrere degli anni la mente si mantenga fresca e positiva nonostante i cambiamenti subiti dal fisico. Dopo tutto, il cervello umano è un dono straordinario e sarebbe un peccato permettere che si indebolisca per negligenza, lasciandolo in balia del tempo che passa finché, alla stregua di un animale, non si riduca a curarsi esclusivamente del corpo. I praticanti dovrebbero iniziare presto l'addestramento mentale e soprattutto la concentrazione sulla mente in sé, poiché essi costituiscono una preparazione importante per il giorno finale, quando la mente dovrà mantenersi chiara e vigile in modo da poter ricorrere a tecniche specifiche durante le fasi della morte, o influenzare almeno la rinascita nella vita successiva. In un momento così critico una mente offuscata può rappresentare un grave pericolo. La vera garanzia di una buona rinascita consiste nella capacità di eseguire la pratica durante le fasi della morte.

Lo stato mentale in cui ti trovi nel momento immediatamente precedente la rinascita è fondamentale per determinare il carattere della tua prossima esistenza. Nel corso della vita puoi avere accumulato grandi meriti, ma se la abbandoni con mente offuscata, metti a repentaglio la forma che assumerà la tua prossima esistenza. Viceversa, puoi anche aver commesso qualche azione deplorevole, ma se, quando giunge quel giorno, sei pronto e determinato a cogliere l'occasione nella sua pienezza, la tua prossima rinascita sarà sicuramente buona. Sforzati dunque di allenare la mente affinché sia fresca, vigile e acuta.

Altre tecniche per raggiungere la calma mentale

In situazioni difficili è facile lasciarsi prendere dall'emotività. Il buddhismo offre tecniche diverse per alleviare lo stress e trovare la calma nelle situazioni snervanti che dobbiamo quotidianamente affrontare. Tali tecniche variano a seconda delle situazioni e degli individui. È particolarmente utile servirsi del potere della meditazione analitica per affrontare direttamente i problemi anziché tentare di evitarli. Ecco alcuni esempi di questa tecnica:

- Quando ti trovi di fronte a un problema cerca in ogni modo di risolverlo ma, se si rivela insormontabile, rifletti sul fatto che esso è dovuto alle tue azioni in questa vita o in una precedente. Capire che la sofferenza deriva dal karma arreca un certo sollievo e al contempo rivela che la vita non è ingiusta. Altrimenti la pena e il dolore apparirebbero insensati.

- Un problema può sembrare arduo e irrisolvibile all'inizio o finché non indaghi sulla sua vera natura. Per fare questo, cerca di analizzare quali sofferenze hai provato nella tua vita. La natura della mente e del corpo è quella di soffrire, così come la natura del fuoco consiste nell'essere caldo e nel bruciare. Nello stesso modo in cui abbiamo imparato ad affrontare la natura del fuoco, possiamo imparare ad affrontare la sofferenza nella nostra vita.
- Guarda ai problemi da una prospettiva più ampia. Se qualcuno ti accusa, anziché controbattere immagina che quell'accusa allenta le catene del tuo autocompiacimento, amplificando così la tua capacità di prenderti cura degli altri. Considera le circostanze negative come forze che sono di sostegno al tuo sviluppo spirituale. Si tratta di una tecnica difficile da attuare ma molto efficace.
- Quando sei geloso o desideri ferire un nemico, invece di arrabbiarti per gli aspetti negativi di quella persona, rifletti sulle sue qualità. La maggior parte degli individui è un miscuglio di buone e cattive qualità, ed è difficile trovare qualcuno che sia cattivo sotto ogni punto di vista.
- Rifletti sulla vacuità dell'esistenza intrinseca: è la meditazione analitica più profonda, e la affronterò nei tre capitoli successivi.

In alternativa puoi temporaneamente ricorrere alla meditazione stabilizzante:

- Se non riesci a smettere di preoccuparti di qualche evento passato o di qualcosa che potrebbe accadere in futuro, sposta l'attenzione sulle fasi dell'inspirazione e dell'espirazione. Oppure recita questo mantra: *om mani padme hum*. Poiché la mente non può concentrarsi simultaneamente su due cose, entrambe queste meditazioni fanno sì che il motivo di preoccupazione svanisca.

Ritengo che tutte le religioni possano trarre beneficio dalle tecniche di meditazione buddhista, la concentrazione su un unico punto può infatti essere applicata con successo in varie occasioni. Nelle vicende della vita possiamo sempre trarre beneficio dalla concentrazione mentale e da una memoria più forte.

❖ ❖ ❖

Riepilogo per la pratica quotidiana

1. Scegli un oggetto di meditazione e concentra la mente su di esso, cercando di raggiungere e di mantenere stabilità, chiarezza e intensità. Evita gli stati di fiacchezza ed eccitazione.
2. In alternativa, individua la natura essenziale di luminosità e di saggezza della mente non contaminata dal pensiero. Aiutandoti con la consapevolezza e l'introspezione mantieniti in quello stato. Se sorge un pensiero, osservalo semplicemente nella sua natura profonda: esso si indebolirà e si dissolverà spontaneamente.

Parte quarta

Praticare la saggezza

VIII
Riflettere sull'esistenza degli esseri e delle cose

Visione complessiva della saggezza nella pratica spirituale

Per generare quell'amore e quella compassione che ti spingono a cercare la buddhità, non per te stesso ma per il benessere degli altri, devi anzitutto affrontare la sofferenza riconoscendone le varie forme. Questa è la prima nobile verità. Dal momento della nascita a quello della morte dobbiamo affrontare dolori fisici e mentali, nonché la sofferenza determinata dal cambiamento e dal condizionamento pervasivo. La seconda e la terza nobile verità ci portano a comprendere le origini della sofferenza e a capire se possano o meno essere eliminate. L'origine fondamentale della sofferenza è l'ignoranza, ossia l'idea fallace che gli esseri viventi e gli oggetti abbiano un'esistenza intrinseca. Il presente capitolo intende dimostrare che questo non è affatto il modo di esistere di esseri e oggetti.

Noi tutti abbiamo una concezione corretta del sé, o «io», ma ne abbiamo contemporaneamente una erronea, come di qualcosa che esista intrinsecamente. Influenzati da questa illusione, riteniamo che il sé viva di vita propria, determinato dalla sua stessa natura, capace di autofondarsi. L'impressione di un'esistenza intrinseca può essere così forte da far sentire il sé addirittura indipendente dalla mente e dal corpo. Se ad esempio sei debole a causa di una malattia, potresti credere che sia possibile scambiare il tuo corpo con quello di una persona più forte. Allo stesso modo, quando la tua mente è offuscata potresti credere che sia possibile scambiarla con quella più lucida di un'altra persona.

Ma se esistesse un io separato, autodeterminato e di per sé esistente, alla luce di un'analisi adeguata si dovrebbe capire con sempre maggiore chiarezza se esiste come mente o come corpo, come unione di mente e corpo, o se è diverso dalla mente e dal corpo. In realtà, più lo si osserva da vicino e più la soluzione si allontana. E questo vale per tutti i fenomeni. Il fatto che tu non riesca a trovarli significa che quei fenomeni non esistono di per sé, non sono autodeterminati.

Una volta, all'inizio degli anni Sessanta, mentre stavo riflettendo su un brano di Tsongkhapa sull'introvabilità dei fenomeni e sulla loro dipendenza dalla facoltà di concettualizzare, mi sentii come se un fulmine mi avesse trapassato il petto. Ecco il brano:

> Il colore e le spire di una corda arrotolata sembrano quelli di un serpente, e quando la corda è vista in penombra sorge il pensiero: «Questo è un serpente». Ma l'insieme e le parti della corda, nel momento in cui la si scambia per un serpente, non sono affatto un serpente. Quel serpente, dunque, è semplicemente creato dalla facoltà di concettualizzare. Allo stesso modo, quando il pensiero «io» sorge in uno stato di dipendenza dalla mente e dal corpo, non c'è nulla della mente e del corpo – né l'insieme che è un continuo di momenti anteriori e successivi, né l'insieme delle parti in un determinato momento, né le parti separate, né il continuo di una qualsiasi delle parti separate – che sia pur minimamente l'«io». Non vi è inoltre alcunché che costituisca un'entità diversa dalla mente e dal corpo concepibile come «io». Ne segue che l'«io» è *semplicemente* creato dalla facoltà di concettualizzare in uno stato di dipendenza dalla mente e dal corpo; non si fonda dunque su una sua propria entità.

Quella sensazione durò per qualche tempo e nelle settimane successive, ogniqualvolta vedevo delle persone, mi sembravano fossero create dai giochi di un illusionista poiché in apparenza esistevano intrinsecamente, ma io sapevo che in realtà non era così. Tale esperienza folgorante avvenne molto probabilmente a un livello inferiore a quello della comprensione assolutamente esatta e incontrovertibile. Fu allora che mi resi realmente conto della possibilità effettiva di eliminare le emozioni afflittive. Adesso al mattino medito sempre sulla vacuità e integro tale esperienza nelle attività della giornata. Spesso è sufficiente che pensi o dica «io», ad esempio nella frase «io farò così e così», perché la sensazione si manifesti. Eppure non posso ancora dire di avere una comprensione piena della vacuità.

Una coscienza che crede nell'esistenza intrinseca non ha un fondamento valido. Una coscienza saggia, radicata nella realtà, comprende che gli esseri viventi e gli altri fenomeni – le menti, i corpi, gli oggetti inanimati – non esistono intrinsecamente. Questa è la saggezza della vacuità. Cogliendo la realtà in termini esattamente opposti rispetto alla concezione erronea dell'esistenza intrinseca, la saggezza supera poco per volta l'ignoranza.

Elimina l'ignoranza che si fonda sull'idea fallace dell'esistenza intrinseca dei fenomeni, e impedirai che si generino emozioni afflittive come la bramosia e l'odio. Così la sofferenza potrà a sua volta essere eliminata. Inoltre la saggezza della vacuità va accompagnata da una volontà profonda di prendersi cura degli altri (e dalle azioni compassionevoli che ispira) affinché possa rimuovere gli ostacoli all'onniscienza, che sono le predisposizioni a considerare i fenomeni – e dunque anche la percezione della coscienza – come se fossero intrinsecamente esistenti. Per la pratica spirituale è dunque necessario coltivare la *saggezza* unitamente a una *grande compassione* e all'*intenzione di raggiungere l'illuminazione*, grazie alla quale si conferisce maggiore valore agli altri che a se stessi. Soltanto allora la tua coscienza potrà trasformarsi nell'onniscienza di un Buddha.

Mancanza di sé

Buddhisti e non buddhisti praticano la meditazione per trarne piacere e per liberarsi dal dolore. Sia nella dottrina buddhista che in altre, il sé è un oggetto primario di indagine. Tuttavia alcuni non buddhisti, pur accettando la rinascita e la natura transitoria della mente e del corpo, credono in un sé permanente, immutabile e unitario. Le scuole buddhiste, invece, sostengono che un sé di questo genere non esiste. Per i buddhisti il tema principale dell'addestramento alla saggezza è la vacuità, o mancanza di sé, che significa l'assenza di un sé permanente, unitario e indipendente o, più propriamente, l'assenza di esistenza intrinseca sia negli esseri viventi sia in altri fenomeni.

Le due verità

Per comprendere l'assenza del sé, devi comprendere che tutto ciò che esiste può essere fatto rientrare nelle due categorie della «verità convenzionale» e della «verità ultima». I fenomeni che osserviamo intorno a noi possono essere più o meno buoni o più o meno cattivi, in rapporto a diverse cause e condizioni. Di molti fenomeni non è possibile dire che siano intrinsecamente buoni o cattivi; si possono valutare soltanto in termini comparativi e non in base alla loro natura. Il loro valore è relativo. Di qui la discrepanza tra come le cose appaiono e come sono in realtà. Una certa cosa, ad esempio, può apparire bella ma, poiché la sua natura profonda è diversa, può divenire brutta se posta in certe condizioni. Un cibo che al ristorante ci sembra squisito può rivelarsi inadatto al nostro stomaco. Ciò è chiaro segno di una discrepanza tra l'apparenza e la realtà. Questi fenomeni sono chiamati «verità convenzionali» e sono percepiti da una coscienza che non va al di là delle apparenze.

Ma gli stessi oggetti hanno un modo interiore di essere, chiamato «verità ultima», che permette i cambiamenti provocati dalle diverse condizioni in cui si vengono a trovare. Una coscienza saggia, che non si accontenta delle semplici apparenze, indaga per sapere se gli oggetti sono dotati, come sembra, di esistenza intrinseca; giunge così alla conclusione che tale esistenza intrinseca è assente, ossia a scoprire, al di là delle apparenze, una vacuità di esistenza intrinseca.

Vuoto di che cosa?

La vacuità, o mancanza del sé, può essere compresa soltanto se riconosciamo preliminarmente ciò di cui i fenomeni sono vuoti. Se non capisci questo, non potrai comprenderne la vacuità. Forse pensi che vacuità significhi «nulla», ma non è così. Se ci si limita a un approccio teorico attraverso la lettura è difficile riconoscere e comprendere l'oggetto della negazione, ciò che i testi buddhisti chiamano «vero fondamento» o «esistenza intrinseca». Con il tempo, aggiungendo alla lettura la ricerca personale, il nostro modo errato di percepire le cose risulterà progressivamente più chiaro.

Buddha ha spesso affermato che i fenomeni, essendo origine-dipendenti, sono relativi, vale a dire la loro esistenza dipende da altre cause e condizioni e dalle loro parti. Un tavolo di legno, ad esempio, non esiste autonomamente; esso dipende in realtà da numerosissime cause, ad esempio da un albero, dal falegname che lo costruisce e così via. Dipende inoltre dalle sue parti. Se un tavolo di legno o un qualsiasi fenomeno non fosse effettivamente dipendente, la sua esistenza autonoma dovrebbe essere ovvia a chi ci rifletta sopra, e invece non è così. Questo ragionamento buddhista è suffragato dalla scienza. I fisici odierni scoprono componenti sempre più piccole della materia ma non riescono tuttora a comprenderne la natura ultima. Comprendere la vacuità è qualcosa di ancora più profondo.

Più si considera come una coscienza ignorante concepisce l'esistenza dei fenomeni, e più si scopre che non è quello il loro autentico modo di esistere. Più si considera invece che cosa comprende una coscienza saggia, e più si rafforza la certezza dell'assenza di esistenza intrinseca. La bramosia e l'odio sono dominati dall'ignoranza e non possono quindi essere generati all'infinito.

Gli oggetti esistono?

Poiché ogni fenomeno, come abbiamo appurato, risulta introvabile se indagato analiticamente, è lecito chiedersi se questi fenomeni posseggano una qualche forma di esistenza. L'esperienza diretta ci dice che le persone e le cose generano piacere e dolore, e che possono aiutarci o danneggiarci. I fenomeni, dunque, esistono certamente, la domanda da porsi è *in che modo*. La loro esistenza non è autonoma ma dipende da molti fattori, tra cui una coscienza che li concettualizza.

Se esistono, ma non autonomamente, la loro esistenza dipende necessariamente dalla concettualizzazione. Tuttavia, i fenomeni non ci appaiono in questo modo, sembrano esistere in modo oggettivo, senza dipendere da una coscienza concettualizzante.

Mentre ti addestri a conseguire la saggezza cerchi analiticamente di trovare l'esistenza intrinseca di un qualsiasi oggetto che hai preso in considerazione: te stesso, un'altra persona, il tuo corpo, la tua mente o qualsiasi altra cosa. Non stai analizzando soltanto la semplice apparenza dell'oggetto ma la sua natura intrinseca. Non hai scoperto che l'oggetto non esiste, ma piuttosto che la sua esistenza intrinseca è infondata. L'analisi non è in contraddizione con la mera esistenza dell'oggetto. I fenomeni in effetti esistono, ma non come pensiamo noi.

In seguito all'analisi risulta che un fenomeno esiste in modo non autonomo. Se, ad esempio, esamini il tuo corpo, giungerai alla conclusione che è privo di esistenza intrinseca ma dipende da quattro arti, un tronco e una testa.

Se i fenomeni sono vuoti, possono avere delle funzioni?

Quando pensiamo agli oggetti, crediamo sempre che siano dotati di un'esistenza indipendente? No. Possiamo concepire i fenomeni in tre modi diversi. Consideriamo ad esempio un albero; che *appaia* dotato di esistenza intrinseca è innegabile, tuttavia:

1. Possiamo concepire l'albero come dotato di esistenza intrinseca, indipendente.
2. Possiamo concepire l'albero come privo di esistenza intrinseca.
3. Possiamo concepire l'albero senza pensare che sia dotato o meno di esistenza intrinseca.

Solo il primo di questi enunciati è sbagliato. Gli altri due modi di *comprensione* sono corretti, anche se nel secondo e nel terzo enunciato il modo di *apparenza* è sbagliato, poiché l'albero appare come se fosse dotato di esistenza intrinseca.

Se gli oggetti non esistono intrinsecamente, ciò significa che non possono avere delle funzioni? Arrivare alla conclusione che gli oggetti, poiché la loro vera natura è la vacuità, non siano in grado di svolgere funzioni quali causare piacere o dolore, aiutare o danneggiare, è la peggiore forma di incomprensione, è una visione nichilista. Come dice lo studioso e yogi indiano Nagarjuna nella *Preziosa ghirlanda*, un nichilista avrà sicuramente una cattiva trasmigrazione al momento della rinascita, mentre una persona che crede, per quanto erroneamente, nell'esistenza intrinseca, va incontro a una buona trasmigrazione.

Lascia che ti spieghi. Per scegliere la virtù, ed evitare la non-virtù, è necessario che tu creda nelle conseguenze delle azioni. Al momento, la visione sottile della vacuità dell'esistenza intrinseca ti risulta forse troppo difficile da raggiungere senza cadere nella trappola del nichilismo, cosicché non riesci a comprendere che i fenomeni sorgono dipendentemente da cause e condizioni (sono origine-dipendenti). Per il bene del tuo progresso spirituale è meglio che tu lasci momentaneamente da parte il tentativo di cogliere la vacuità. Anche se credi erroneamente che i fenomeni esistano intrinsecamente, sei tuttavia in grado di arrivare a una comprensione dell'origine-dipendente, e di metterla in atto nella pratica. Ecco perché anche Buddha insegnava a volte che gli esseri viventi e gli altri fenomeni esistono intrinsecamente. Tali insegnamenti sono il pensiero delle *scritture* di Buddha ma non costituiscono *il suo* pensiero ultimo. Talvolta egli parlava infatti senza attingere al suo pensiero ultimo per fini pratici.

In che modo la coscienza sbaglia?

Poiché ogni fenomeno sembra esistere autonomamente, tutte le nostre normali percezioni risultano sbagliate. Non esistono false apparenze soltanto quando si comprende direttamente la vacuità, e questo avviene durante una meditazione totalmente focalizzata. In questo caso il dualismo di soggetto e oggetto e l'apparenza della molteplicità scompaiono, lasciando spazio soltanto al vuoto. Quando esci da quella meditazione, esseri viventi e oggetti appaiono falsamente esistenti in sé e per sé ma, grazie alla forza derivante dall'avere compreso la vacuità, riconoscerai la discrepanza tra apparenza e realtà. Grazie alla meditazione potrai riconoscere sia il modo falso di apparire dei fenomeni sia il modo falso di comprenderli.

❖ ❖ ❖

Torniamo al tema centrale: tutti noi abbiamo una concezione di che cosa sia l'«io», ma dobbiamo capire se esso esista o meno in uno stato di dipendenza dalla mente e dal corpo. La mancanza del sé di cui parlano i buddhisti si riferisce all'assenza di un sé permanente, indiviso e indipendente, oppure, più propriamente, all'assenza di esistenza intrinseca di ogni fenomeno. I buddhisti, tuttavia, danno valore all'esistenza di un sé che cambia in ogni istante, definibile in relazione al *continuum* della mente e del corpo. Tutti noi possediamo questa concezione dell'«io», che ha un suo valore. Quando noi buddhisti parliamo della dottrina della mancanza del sé, non intendiamo dire che il sé non esiste. Con l'«io», infatti, ognuno di noi aspira giustamente alla felicità e rifugge la sofferenza. È quando diamo eccessiva importanza a noi stessi e ad altri fenomeni, fino a crederli dotati di esistenza intrinseca, che ci troviamo ad affrontare un numero enorme di problemi.

❖ ❖ ❖

Riepilogo per la pratica quotidiana

Prova a fare il seguente esercizio per riconoscere il modo falso di apparire degli oggetti e degli esseri viventi:

1. Osserva come appare un oggetto, ad esempio un orologio, nel momento in cui lo noti per la prima volta in un negozio. Poni attenzione a come la sua apparenza cambi e diventi ancora più concreta quando esso suscita il tuo interesse, considera infine il suo modo di apparire dopo che lo hai comperato, quando lo ritieni tuo.
2. Rifletti sul fatto che tu stesso appari alla tua mente come dotato di esistenza intrinseca. Poi rifletti su come gli altri e i loro corpi appaiano alla tua mente.

IX
La via di mezzo

Necessità parallela di concentrazione e saggezza

I testi buddhisti sostengono che, una volta compresa la vacuità, l'illusione dell'esistenza intrinseca si affievolisce, ma è improbabile che ciò accada dopo aver acquisito tale consapevolezza una sola volta e per breve tempo. Se non hai raggiunto la concentrazione su un unico punto (la calma dimorante della mente), non puoi utilizzare la semplice comprensione della vacuità per sradicare l'illusione dell'esistenza intrinseca, ma dovrai dedicarti molte altre volte all'analisi. Grazie alla meditazione concentrata, la tua mente si rafforzerà, acquisterà profondità e stabilità e sarà in grado di concentrarsi su un unico punto, in questo caso la vacuità, giungendo così a una graduale diminuzione dei livelli più superficiali di percezione erronea della realtà.

Questo è il motivo per cui sia i Sutra di Buddha sia i tre Tantra inferiori affermano che la calma dimorante (la meditazione concentrata) è una condizione necessaria per raggiungere la visione speciale (la saggezza). La meditazione stabilizzante utilizzata nella calma dimorante e la meditazione analitica utilizzata nella visione speciale non sono differenziate in base al loro oggetto: entrambe possono rivolgersi indifferentemente alla vacuità o a fenomeni convenzionali. La differenza sta nel fatto che contemplare la vacuità da uno stato di calma dimorante richiede l'elasticità fisica e mentale indotta dalla meditazione stabilizzante sulla vacuità, mentre contemplare la vacuità da una condizione di saggezza richiede anche l'elasticità fisica e mentale indotta dalla meditazione analitica sulla vacuità. Un tale livello di elasticità può essere soltanto successivo a quello più semplice che si raggiunge con la meditazione stabilizzante. È dunque necessario che tu giunga alla calma dimorante prima che alla visione speciale.

Sebbene la calma dimorante si possa ottenere scegliendo la vacuità come oggetto di meditazione, tale via può essere esclusivamente intrapresa da quei praticanti che abbiano già compreso la vacuità. Normalmente, però, i praticanti raggiungono prima la meditazione su un unico punto e poi la visione della vacuità grazie all'analisi ragionata.

La necessità del ragionamento

Tutte le scuole buddhiste concordano sul fatto che il ragionamento analitico che sta alla base di una deduzione (una comprensione concettuale) deriva da una percezione primaria, condivisa e diretta. Consideriamo come esempio il seguente ragionamento:

> Una pianta non esiste intrinsecamente poiché è origine-dipendente.

La riflessione iniziale è che una pianta è origine-dipendente perché la sua esistenza dipende da certe cause e condizioni (il seme, il terreno, la luce del sole e l'acqua), ma alla fine il ragionamento deve essere supportato dalla percezione diretta, altrimenti non regge. Che le piante siano soggette a mutamento, possiamo constatarlo con i nostri occhi: crescono, maturano e infine seccano. In questo senso la deduzione deve necessariamente fondarsi sulla percezione diretta. La deduzione dipende dal ragionamento che, a sua volta, si fonda su un'esperienza diretta, condivisa e inconfutabile.

Gli oggetti conoscibili possono essere suddivisi in perspicui, leggermente oscuri e molto oscuri. Per comprendere un argomento molto oscuro è necessario affidarsi alle scritture ma, anche per questo tipo di deduzione, non è affatto sufficiente citare una scrittura per dare validità a un'altra. È necessario analizzare se:

- Esistono contraddizioni tra le scritture in merito a quell'argomento specifico.
- Esiste una qualche contraddizione tra quello che dice la scrittura su quell'argomento e ciò che risulta evidente dalla percezione diretta.
- Esiste una qualche contraddizione tra quello che dice la scrittura sull'argomento e ciò che può essere compreso con una deduzione di base, derivata dal ragionamento.

Anche in questi casi estremamente oscuri è dunque necessaria l'analisi.

Buddha indicò quattro fasi per giungere a una comprensione attendibile :

1. Non affidarti soltanto alla persona ma affidati alla dottrina.
2. Per quanto riguarda la dottrina, non affidarti soltanto alle parole ma affidati al significato.
3. Per quanto riguarda il significato, non affidarti soltanto all'interpretazione ma affidati al significato definitivo.
4. Per quanto riguarda il significato definitivo, non affidarti soltanto alla comprensione dualistica ma affidati alla saggezza della percezione diretta della verità.

Buddha disse inoltre:

> Come l'oro viene fuso, tagliato e lucidato,
> Così i monaci e i discepoli devono accettare la mia parola
> Dopo averla attentamente analizzata
> E non solo in segno di rispetto [nei miei confronti].

Nel processo del ragionamento, è molto efficace enunciare le conseguenze assurde di visioni erronee per superare la forza di quella idea erronea, e poi produrre un enunciato a sua riprova. Quando da giovane studiavo logica, una volta uno studioso mi disse che, sia in un dibattito (con un buddhista che sostenga l'esistenza intrinseca) sia nella propria meditazione analitica, utilizzare un enunciato sillogistico come: «Il mio corpo è privo di esistenza intrinseca perché è origine-dipendente» costituisce un approccio decisamente debole. È invece di maggiore impatto servirsi di un ragionamento per assurdo come: «Se avesse un'esistenza intrinseca il mio corpo non potrebbe essere origine-dipendente», proposizione assurda dato che per il buddhismo è fondamentale che tutti i fenomeni siano origine-dipendenti.

Armonia tra origine-dipendente e vacuità

Lo stesso Buddha, nel presentare i Sutra, e Nagarjuna insieme ai suoi figli spirituali – Aryadeva, Buddhapalita e Chandrakirti – nel commentare il loro significato, affermano che la natura origine-dipendente dei fenomeni è la ragione *ultima* sui cui si fonda la vacuità. Ciò significa che i fenomeni in generale non sono non-esistenti e che i fenomeni impermanenti possono svolgere funzioni.

Quando Buddha insegnò le quattro nobili verità, in primo luogo identificò la vera sofferenza, le sue origini, la cessazione e i sentieri, poi disse:

> La sofferenza va riconosciuta ma non vi è nulla da riconoscere. Le origini della sofferenza vanno abbandonate ma non vi è nulla da abbandonare. La cessazione va realizzata ma non vi è nulla da realizzare. Il sentiero va meditato ma non vi è nulla da meditare.

Ciò significa che, sebbene vi siano elementi delle quattro nobili verità che vanno riconosciuti, abbandonati, realizzati e meditati *convenzionalmente* (e legittimamente), *in ultima analisi* non vi è nulla da riconoscere, abbandonare, realizzare e meditare. Dal punto di vista della realtà ultima, nella vacuità dell'esistenza intrinseca tutto si equivale. In questo modo Buddha definì le categorie delle due verità, quella convenzionale e quella ultima.

Tutti i fenomeni – cause ed effetti, azioni e agenti, buoni o cattivi che siano – esistono per pura convenzione, cioè solo nominalmente, poiché sono origine-dipendenti. Giacché l'esistenza dei fenomeni dipende da fattori esterni, essi non sono indipendenti. L'assenza di autonomia – o vacuità dell'esistenza intrinseca – è la loro verità ultima. Comincerai a cogliere la vacuità dell'esistenza intrinseca quando le mere apparenze non ti soddisferanno più e ricorrerai all'analisi per indagare oltre.

Quando giungerai a comprendere completamente l'apparenza e la vacuità, comprenderai anche che tra di loro vi è armonia reciproca. L'apparenza non preclude la vacuità, e la vacuità non preclude l'apparenza. Se non capisci questo potrai credere alla virtù, alla non-virtù, alle cause e agli effetti e così via, ma non nel vuoto. Oppure potrai credere alla vacuità ma non alle cause e agli effetti – il bene e il male, il piacere e il dolore – che sorgono secondo determinate condizioni. Senza un'adeguata comprensione, la vacuità e l'apparenza sembrano escludersi a vicenda.

I fenomeni sono vuoti di esistenza intrinseca *perché* la loro esistenza dipende da altri fattori. Ed essi sono in grado di svolgere funzioni proprio *perché* vuoti dell'esistenza intrinseca. Se i fenomeni non fossero privi di esistenza intrinseca, se *esistessero* per loro volontà, non potrebbero essere influenzati da altre cause e condizioni – non muterebbero. In quel caso non provocherebbero piacere e dolore, né deriverebbero da essi il bene e il male.

Una piena consapevolezza dell'origine-dipendente implica la duplice comprensione dell'apparenza e della vacuità dell'esistenza intrinseca, che elimina simultaneamente gli opposti della non-esistenza assoluta e dell'esistenza intrinseca. Sapere che i fenomeni hanno un'origine impedisce di giungere alle conclusioni estreme del nichilismo, riconoscendo agli oggetti e agli esseri di poter svolgere una funzione, e riconoscendo le cause e gli effetti del karma. Sapere che i fenomeni sono dipendenti ci preserva inoltre dalla credenza nell'esistenza intrinseca, escludendo il concetto di un'esistenza in sé dei fenomeni. Se comprendi queste due verità, raggiungerai la via di mezzo.

Il Sutra del cuore

Che rapporto c'è tra gli oggetti e la loro vacuità? Questo argomento è affrontato in una scrittura sulla perfezione della saggezza, chiamata *Sutra del cuore*, che viene recitata e meditata quotidianamente in Cina, Giappone, Corea, Mongolia, Tibet e Vietnam, paesi in cui si pratica il buddhismo del Grande Veicolo. Si tratta di una esposizione breve e concisa di Buddha sulla saggezza, qualità necessaria per risolvere i problemi alla radice e – congiuntamente all'intenzione di prendersi cura degli altri e di compiere azioni compassionevoli – per conseguire l'onniscienza di un Buddha. Ecco il testo integrale del *Sutra del cuore*:

> Omaggio alla sopramondana vittoriosa perfezione della saggezza.
>
> Così una volta udii: il Vincitore Ultraterreno dimorava a Rajagriha, sul Picco degli Avvoltoi, assieme a una vasta comunità di monaci e a una vasta comunità di Bodhisattva. In quella occasione il Vincitore Ultraterreno era assorbito nella meditazione concentrata sulle enumerazioni dei fenomeni, chiamata «percezione profonda». Contemporaneamente il nobile Bodhisattva, l'Avalokiteshvara Superiore, stava applicandosi nella pratica della profonda perfezione della saggezza, e vide i cinque aggregati [forme, sensazioni, discriminazioni, fattori di composizione e coscienze] come vuoti di esistenza intrinseca. Poi, tramite il potere di Buddha, il venerabile Shariputra così disse al nobile Bodhisattva, l'Avalokiteshvara Superiore:
>
> «Come deve addestrarsi ogni figlio di lignaggio che desideri seguire la pratica della profonda perfezione della saggezza?».
>
> Il nobile Bodhisattva, l'Avalokiteshvara Superiore, così rispose a Shariputra:
>
> «Shariputra, ogni figlio o figlia di lignaggio che desideri seguire la pratica della profonda perfezione della saggezza deve vedere [i fenomeni] nel seguente modo. Deve vedere correttamente e ripetutamente i cinque aggregati come vuoti di esistenza intrinseca. La forma è vacuità, la vacuità è forma. La vacuità non è altro che forma, la forma non è altro che vacuità. Allo stesso modo sono vuote le sensazioni, le discriminazioni, i fattori di composizione e le coscienze.

«Similmente, Shariputra, tutti i fenomeni sono vuoti; sono privi di caratteristiche, non sono prodotti, non cessano, non sono contaminati e non sono privi di contaminazioni, non diminuiscono e non crescono. Perciò, Shariputra, nella vacuità non c'è forma, né sensazione, né discriminazione, né fattori di composizione, né coscienza, né occhio, né orecchio, né naso, né lingua, né corpo, né mente, né forme, né suoni, né odori, né sapori, né oggetti tangibili, né [altri] fenomeni. Nella vacuità non c'è neppure il costituente dell'occhio, e così via fino al costituente della mente e al costituente della coscienza mentale. Nella vacuità non c'è ignoranza, né estinzione dell'ignoranza, e così via fino all'estinzione della vecchiaia e della morte. Similmente, nella vacuità non c'è sofferenza, origine, cessazione e sentiero; non c'è saggezza suprema, né ottenimenti e neppure mancanza di ottenimenti.

«Perciò, Shariputra, poiché non c'è ottenimento, i Bodhisattva pongono le loro basi e dimorano nella profonda perfezione della saggezza. Le loro menti sono senza ostacoli e senza paura; essendo completamente andati al di là di ogni errore, raggiungono il punto finale, il nirvana. E, affidandosi alla profonda perfezione della saggezza, è evidente che anche tutti i Buddha dimoranti nel passato, nel presente e nel futuro, si sono risvegliati in modo totale e manifesto nell'insuperabile, perfetta e piena illuminazione.

«Perciò il mantra della perfezione della saggezza è il mantra della grande conoscenza, il mantra insuperato, il mantra uguale a ciò che non ha eguali, il mantra che pacifica completamente tutte le sofferenze. Dal momento che non è falso va conosciuto come vero. Si proclami il mantra della perfezione della saggezza:

«*Tadyata gate gate paragate parasamgate bodhi svaha* (È così: procedi, procedi, procedi oltre, procedi completamente oltre, poni le tue basi nell'illuminazione).

«Shariputra, è in questo modo che i nobili Bodhisattva dovrebbero addestrarsi nella profonda perfezione della saggezza».

Quindi il Vincitore Ultraterreno riemerse da quella meditazione concentrata e disse al nobile Bodhisattva:

«Ben detto, ben detto, figlio di buon lignaggio, è proprio così! È proprio così! La profonda perfezione della saggezza va praticata proprio come tu hai mostrato. Ne gioiscono perfino Coloro che Così sono Andati e Così sono Venuti».

Quando il Vincitore Ultraterreno ebbe così parlato, il venerabile figlio di Sharadvati, il nobile Bodhisattva Avalokiteshvara, l'intera assemblea attorno a loro e gli esseri mondani – inclusi gli dei, gli uomini, i semidei e i musici celesti – esultarono e lodarono la parola del Vincitore Ultraterreno.

Forma e vacuità

Ispirandomi a una lunga tradizione di commentari indiani e tibetani sul *Sutra del cuore* intendo fornire qualche spunto di riflessione relativo al brano centrale: «La forma è vacuità, la vacuità è forma. La vacuità non è altro che forma, la forma non è altro che vacuità». Questo conciso enunciato è denso di significati:

1. Tutte le persone e tutte le cose dipendono dalle loro cause e dalle loro parti, e non possono esistere indipendentemente da esse. Sono origine-dipendenti, di conseguenza sono vuote di esistenza intrinseca. Poiché tutti i fenomeni sono origine-dipendenti, sono per natura vacui.
2. Viceversa, non avendo una natura indipendente o intrinseca, gli esseri viventi e le cose devono dipendere da altri fattori. Devono essere origine-dipendenti.
3. La vacuità delle forme non è separata dalle forme. Le forme, che nascono e svaniscono per la presenza di determinate condizioni, sono per natura vuote di esistenza intrinseca.
4. Questa assenza di esistenza intrinseca è la loro realtà ultima, il loro modo di dimorare, il loro modo finale di essere.
5. In sintesi, il crearsi e il dissolversi delle forme, e i loro mutamenti, sono possibili perché le forme sono vuote di un'esistenza che si autogenera. Si dice che i fenomeni come le forme si manifestano dall'interno della sfera della natura della vacuità.

Di conseguenza nel *Sutra del cuore* si afferma: «La forma è vacuità, la vacuità è forma. La vacuità non è altro che forma, la forma non è altro che vacuità». Risulta quindi evidente che esiste un'armonia tra vacuità e origine-dipendente.

In sintesi, le forme non sono vuote a causa della vacuità, esse sono vuote di per se stesse. Vacuità non significa che un fenomeno è privo dell'essere un qualche altro oggetto ma che è di per sé vuoto della sua esistenza intrinseca. Che una forma sia vacuità significa che la natura ultima di una forma è la sua naturale mancanza di esistenza intrinseca; poiché le forme sono origine-dipendenti, sono vuote di un'entità indipendente che si autodetermina. Che la vacuità sia forma significa che questa mancanza naturale di esistenza intrinseca – e cioè l'assenza di un principio che si autogenera – rende possibile le forme, che ne costituiscono la manifestazione o che risultano da essa dipendentemente da condizioni. Poiché le forme sono le basi della vacuità, la vacuità è forma: le forme appaiono come riflessi della vacuità.

Nella mia esperienza mi risulta più facile comprendere che, essendo origine-dipendenti, le cose sono prive di esistenza intrinseca, che non capire che la mancanza di esistenza intrinseca nelle cose implica necessariamente il loro essere origine-dipendenti. Sebbene comprenda bene questo secondo enunciato sotto il profilo razionale, sperimentarlo sul piano sensibile mi risulta più difficile. Ultimamente rifletto spesso su una frase tratta dalla *Preziosa ghirlanda* di Nagarjuna:

> Una persona non è terra, né acqua,
> Né fuoco, né vento, né spazio,
> Né coscienza, né tali cose tutte insieme.
> Che persona c'è oltre a queste cose?

Innanzitutto egli si chiede se gli elementi fisici del corpo – la terra (i solidi), l'acqua (i fluidi), il fuoco (il calore), il vento (l'aria) e lo spazio (spazi vuoti come l'esofago) – possano essere il sé. Poi esamina la coscienza. In seguito considera se tutti questi aspetti nel loro insieme possano essere il sé. Infine, si interroga retoricamente se il sé possa essere qualsiasi altra cosa diversa da questi aspetti. Ma in nulla di tutto ciò si può trovare il sé.

Nagarjuna, però, non giunge immediatamente alla conclusione che il sé non è reale. Afferma piuttosto, strofa dopo strofa, che il sé non è non-esistente ma che è un origine-dipendente che esiste in quanto dipendente dai sei elementi costitutivi precedentemente citati. Sulla base di tale concetto, deduce allora che il sé non è reale:

> Poiché è [esiste in quanto dipendente da] un composto di sei elementi costitutivi,
> Una persona non è reale.

Qui «non reale» non significa *soltanto* che il sé non può essere trovato se lo si cerca tra i sei elementi costitutivi o al di fuori di essi. Nagarjuna sostiene che sebbene la mente che coglie la vacuità dell'esistenza intrinseca veda una semplice assenza, quella stessa mente dovrà comprendere il sé come origine-dipendente. Mi sembra che Nagarajuna presenti il problema in modo molto incisivo, evitando al contempo di giungere alle due conclusioni opposte ed estreme, ossia che il sé esiste intrinsecamente e che il sé non esiste affatto.

La vacuità dell'esistenza intrinseca e l'apparenza dei fenomeni sono un'entità inscindibile, come lo sono il dorso e il palmo di una mano. La forma è dunque vacuità, e la vacuità è forma.

Occorre comprendere che nella vacuità risiede il significato dell'origine-dipendente. Essi sono profondamente legati. Via via che la tua visione della vacuità diverrà più chiara, ti renderai sempre più conto che gli oggetti dipendono da cause e condizioni e dalle loro parti, e che producono piacere e dolore *perché* non hanno un'esistenza intrinseca. Se invece sostieni che tutto è inutile perché è vuoto, stai confondendo la vacuità con il nichilismo. Comprendere correttamente la vacuità significa cogliere la nostra dipendenza da cause ed effetti. La comprensione piena e naturale della vacuità significa una comprensione profonda dell'unione tra apparenza e vacuità.

❖ ❖ ❖

Comprendere la vacuità non è forse meraviglioso? Può fungere da antidoto contro la concezione erronea dell'esistenza intrinseca, ma può anche aiutare a capire meglio cause ed effetti. Questa è la vera comprensione della vacuità. È impossibile spiegarne l'importanza solo attraverso l'ascolto o la lettura. È qualcosa che va elaborato per lungo tempo, insieme alle pratiche dell'etica – astenersi dal male ed estendere la compassione – e rivolgendo suppliche ai Buddha, ai Bodhisattva e ad altri maestri affinché ci aiutino a superare gli ostacoli. Abbiamo bisogno di molte motivazioni positive.

❖ ❖ ❖

Riepilogo per la pratica quotidiana

Rifletti spesso sull'origine dei fenomeni, che dipende da cause e condizioni, e cerca di considerare come ciò sia in contraddizione con l'esistenza apparentemente ben definita e autonoma di cose e persone che sembrano esistere per loro diritto, intrinsecamente. Se sei incline al nichilismo, rifletti maggiormente sull'origine-dipendente. Se, concentrandoti su cause e condizioni, tendi a rafforzare la tua credenza nell'esistenza intrinseca dei fenomeni, poni maggiore attenzione al fatto la loro dipendenza contraddica un'apparenza così coesa. Inizialmente oscillerai continuamente tra i due estremi e ci vorrà del tempo per trovare la vera via di mezzo.

X

La mente e la sua natura profonda

In uno scritto sulla saggezza perfetta, Buddha così afferma:

> Nella mente, la mente non si trova; la natura della mente è la chiara luce.

Per comprendere i livelli di significato di questo enunciato, devi riconoscere che cos'è la mente, analizzarne la natura più profonda e indagare come da essa insorgano effetti positivi e negativi. Esaminiamo la frase nelle sue singole parti.

1. L'espressione «nella mente» è in rapporto con ciò che è mente – con la sua natura luminosa e conoscente. Nel capitolo settimo, dedicato alla meditazione concentrata, abbiamo parlato della natura luminosa e conoscente della mente e di come per riconoscerla, sebbene essa esista in ogni istante, sia necessario liberarsi dei pensieri precedenti e non formularne di nuovi.
2. Quando Buddha dice «la mente non si trova», indica che la natura luminosa e conoscente della mente non costituisce la sua natura più profonda e ultima. La sua natura ultima è piuttosto la «chiara luce», la sua vacuità di esistenza intrinseca.

Si potrebbe pensare che Buddha stia sostenendo che la mente non esiste, ma non è affatto così. Io spiego il suo enunciato attraverso le elaborazioni della mia mente e tu, lettore, lo leggi attraverso le elaborazioni della tua. Usiamo la mente in continuazione, essa è sempre con noi, eppure non ne siamo pienamente consapevoli. Dunque, pur essendo difficile riconoscerla, essa esiste e occorre analizzarla per scoprirne la natura profonda.

Che la mente esista è chiaro, ma poiché ciò non costituisce la sua natura ultima e la sua disposizione fondamentale, qual è la vera modalità del suo essere? È una mera vacuità della sua esistenza intrinseca. Ciò significa che le contaminazioni della mente – ad esempio l'ignoranza, la bramosia e l'odio – sono passeggere e dunque non ne fanno parte. Una volta compreso che tali contaminazioni sono superficiali e non appartengono alla natura ultima della mente, giungeremo alla conclusione che la natura profonda della mente è la chiara luce, la vacuità.

Le contaminazioni sono superficiali, la natura della mente è la chiara luce

I testi buddhisti spiegano in vari modi le seguenti parole di Buddha: «Le contaminazioni sono superficiali, la natura della mente è la chiara luce». Tuttavia il suo pensiero non è così vago da poter essere interpretato a proprio piacimento. L'enunciato possiede diversi significati, espliciti e impliciti. Nel Tantra dello Yoga Superiore ci sono molti modi per sviscerare il significato di un enunciato oscuro. Se ne può spiegare il significato letterale, il significato generale, il significato nascosto e il significato ultimo. Per chiarire l'affermazione di Buddha ricorrendo al Tantra, citerò il *Tantra della serie magica*, una sezione del *Tantra della ripetizione del nome di Manjushri*:

> I Buddha perfetti sorgono dalla A.
> La A è suprema tra le lettere.

Tra i quattro significati sopra elencati, mi soffermerò solo su quello *generale*. In sanscrito la lettera A è una particella negativa. Indica la vacuità, che è l'assenza, o negazione, dell'esistenza intrinseca. Quando il *Tantra della serie magica* dice: «I Buddha perfetti sorgono dalla A», ciò significa che i Buddha sorgono dall'interno della sfera noumenica della vacuità; oppure, per dirla in altro modo, che i Buddha sorgono dalla meditazione sulla vacuità dell'esistenza intrinseca. Grazie alla meditazione, le contaminazioni svaniscono nella sfera noumenica della realtà (la vacuità dell'esistenza intrinseca). La vacuità, simboleggiata dalla A, è il tema supremo, e per questo il *Tantra della serie magica* dice: «La A è suprema tra le lettere».

Inoltre, dal punto di vista del Tantra dello Yoga Superiore, la lettera A si riferisce alla goccia indistruttibile entro la quale si conquista il corpo di un Buddha. Nel Tantra dello Yoga Superiore la buddhità sorge grazie a una focalizzazione concentrata sulla goccia indistruttibile posta al centro del cuore. Il corpo finale di un Buddha ha la natura della goccia indistruttibile. Si aggiunge così un altro elemento per comprendere l'enunciato secondo il quale i Buddha perfetti sorgono dalla lettera A.

Che cos'è la goccia indistruttibile? Si tratta dell'unione del vento molto sottile e della mente molto sottile. La mente conosce gli oggetti mentre il vento, o energia interiore, fa sì che la coscienza rivolga la propria attenzione agli oggetti. Perciò l'unione del vento e della mente determina i mutamenti della coscienza.

La mente senza inizio

La coscienza non è fisica. Non ha colore né forma, né la caratteristica di occupare spazio propria delle cose fisiche. La sua entità è pura luminosità e cognizione, e quando si verificano certe condizioni (ad esempio in presenza di un oggetto e di facoltà sensoriali che funzionano correttamente) essa riflette quell'oggetto. Il fatto che la mente si trasformi a ogni istante, e appaia con aspetti diversi, indica che opera sotto l'influsso altro di cause e condizioni.

Una mente deriva da una mente precedente e a essa simile, il che implica l'esistenza di un *continuum* mentale senza inizio. Se la produzione di una mente non dovesse dipendere da momenti precedenti della mente, se potesse essere semplicemente creata senza che intervengano delle cause, allora una mente potrebbe essere prodotta in qualsiasi luogo e in qualsiasi tempo, il che è assurdo. Allo stesso modo, se la coscienza non fosse prodotta come continuazione di un precedente stato di coscienza, e fosse invece prodotta da qualcosa di fisico, o sarebbe sempre prodotta, il che è assurdo, o non sarebbe mai prodotta, il che è altrettanto assurdo. Ciò significa che la coscienza è la continuazione di un precedente stato di coscienza.

Poiché la coscienza si fonda su un suo momento precedente, il suo *continuum* non può avere inizio. La coscienza non ha inizio e non ha fine. Questo *continuum* rende possibile la trasformazione della mente in stati sempre più avanzati. Quando il *continuum* mentale è associato a stati impuri, la nostra esperienza è limitata al regno dell'esistenza ciclica. Quando si libera degli stati impuri, possiamo raggiungere il nirvana. Così tutti i fenomeni sono un artificio, o una manifestazione, della mente. I fenomeni impuri dell'esistenza ciclica sono la manifestazione della mente impura; i fenomeni puri del nirvana sono la manifestazione della mente pura.

Gli stati erronei della mente dipendono dall'ignoranza

Poiché è detto: «Nella mente, la mente non si trova; la natura della mente è la chiara luce», gli stati impuri della mente, quali il desiderio e l'odio, non fanno parte della natura della mente e sono dunque prodotti dall'ignoranza – da una coscienza che crede erroneamente nell'esistenza intrinseca – o nel momento presente o da una causa precedente. Tutti gli stati erronei della mente hanno alla radice una coscienza sbagliata. L'ignoranza è una forma di coscienza che si pone in modo errato rispetto all'oggetto della sua attenzione; si sbaglia al suo riguardo; non si fonda su una cognizione valida.

Una consapevolezza sbagliata e una consapevolezza con un fondamento valido hanno modi contraddittori di comprendere i fenomeni, cosicché una danneggia l'altra. Quando, nell'ambito della pratica, cominci a correggere i tuoi comportamenti, gli stati erronei della mente diminuiscono naturalmente finché finiscono per estinguersi.

Il sistema dell'insegnamento buddhista è basato sulla contraddizione naturale. Aspiriamo alla felicità e rifuggiamo la sofferenza. Il dolore che cerchiamo di evitare dipende principalmente da atteggiamenti della mente, e poiché all'origine della sofferenza mentale vi sono, direttamente o indirettamente, le emozioni afflittive, dobbiamo capire se esistono forze che vi si oppongano. Se ad esempio la rabbia provoca sofferenza, dobbiamo trovare una forza che la contrasti. Nel caso della rabbia è la forza dell'amore e della compassione. La rabbia, come l'amore e la compassione, sono coscienze, ma hanno modi opposti di comprendere lo stesso oggetto. Se una stanza è calda non vi è altro modo di ridurre il calore se non immettendovi del freddo. Così accade anche con gli stati mentali opposti, il puro e l'impuro. Nella misura in cui ne sviluppi uno, l'altro diminuisce. Esistono dunque gli antidoti per eliminare gli stati mentali erronei.

Unione del convenzionale e dell'ultimo

La mente è di per sé una verità convenzionale; la realtà della mente, la sua vacuità di esistenza intrinseca, ne è la verità ultima. Queste due verità costituiscono un'entità indivisibile. Come vi è unione tra queste due verità in relazione alla mente, così vi è unione anche in relazione a ogni oggetto: la sua apparenza è una verità convenzionale, e la sua vacuità di esistenza intrinseca ne è la verità ultima.

La realtà ultima è conosciuta grazie al ragionamento

dell'origine-dipendente. Poiché la mente è un'entità origine-dipendente, ad esempio, è vuota di esistenza intrinseca. Quando comprendi la vacuità grazie al ragionamento dell'origine-dipendente, comprendi che tutti i fenomeni sono costituiti dall'unione di origine-dipendente e di vacuità; l'apparenza e la vacuità sono percepite come un insieme armonioso.

Le apparenze origine-dipendenti dei fenomeni convenzionali forniscono il contesto per l'insegnamento della compassione, chiamato «vasto sentiero» per via della grande varietà di apparenze. La vacuità dell'esistenza intrinseca delle apparenze fornisce la base per l'insegnamento di ciò che è noto come «sentiero profondo», poiché la vacuità è la *natura ultima* dei fenomeni – pacifica, libera da concettualizzazioni e dove tutto si equivale. Seguendo con la meditazione questi due sentieri – la vastità della compassione e la saggezza profonda della vacuità – senza separarli, gli stati erronei della mente nel *continuum* individuale subiscono una graduale trasformazione. Con la loro progressiva eliminazione emergono gli attributi eccellenti della mente e del corpo di un Buddha.

Si raggiunge la buddhità sviluppando contemporaneamente la motivazione e la saggezza. Motivazione e saggezza lasciano tuttavia una loro impronta specifica sulla buddhità. Coltivando la motivazione, risultano i Corpi di Forma di un Buddha, che esistono allo scopo di realizzare il benessere degli altri. Coltivando la saggezza, risulta il Corpo di Verità di un Buddha, e cioè la realizzazione dello sviluppo individuale. Quali sono le principali forme della motivazione e della saggezza? La forma principale di motivazione è un'intenzione, orientata verso l'altro, di diventare illuminati, ispirati dall'amore e dalla compassione e dediti a pratiche compassionevoli come il donare, l'etica e la pazienza. La forma principale di saggezza è una coscienza intelligente, consapevole della vacuità dell'esistenza intrinseca.

❖ ❖ ❖

I fondamenti del buddhismo presentano tre aspetti. La *base* è costituita dalle due verità, convenzionale e finale. Da queste due verità emerge il *sentiero* con la duplice qualità della motivazione e della saggezza, ognuno rispettivamente legato alla propria verità. Il *frutto*, o meta del sentiero, è la realizzazione dei due corpi, i Corpi di Forma e il Corpo di Verità di un Buddha. Perché tutto ciò si compenetri, sulla *base* delle due verità – quella convenzionale e quella ultima – devi praticare le due qualità del *sentiero*, la motivazione e la saggezza, giungendo così a conseguire il *frutto*, i Corpi di Forma e di Verità di un Buddha.

❖ ❖ ❖

Riepilogo per la pratica quotidiana

1. Riconosci la natura luminosa e conoscente della mente non offuscata dai pensieri.
2. Sonda ripetutamente la natura più profonda della mente così da scoprire in essa l'assenza di esistenza intrinseca, la vacuità, riflettendo sulla dipendenza della mente da cause e condizioni e dalle parti – incluso il fatto che ogni frazione di tempo che attraversa la mente dipende da porzioni passate e future di quello stesso lasso di tempo.
3. Cerca di cogliere l'armonia tra apparenza della mente e la sua vacuità di esistenza intrinseca; osserva come queste si sostengano a vicenda.

Parte quinta

Il Tantra

XI
Lo yoga della divinità

Il buddhismo ricorre fondamentalmente a due tipi di pratiche: il Sutra e il Tantra. Finora abbiamo discusso le pratiche del Sutra. Obiettivo specifico del Tantra è offrire un sentiero veloce affinché i praticanti con maggiore esperienza possano mettersi più celermente al servizio degli altri. Nel Tantra il potere dell'immaginazione è messo al servizio della meditazione in una pratica chiamata «yoga della divinità». In questa pratica si immagina: 1) di sostituire la propria mente come appare normalmente, pervasa di emozioni che la turbano, con una mente di pura saggezza motivata dalla compassione; 2) di sostituire il proprio corpo come appare normalmente (composto da carne, sangue e ossa) con un corpo modellato dalla saggezza motivata dalla compassione; 3) di sviluppare un senso del puro sé che dipende da una mente e da un corpo che appaiono puri in una dimensione ideale, totalmente dediti ad aiutare gli altri. Poiché questa pratica specifica del Tantra richiede che ci si visualizzi con il corpo, le attività, le risorse di un Buddha, circondati da tutto ciò che lo circonda, è chiamata «adottare l'immaginazione come sentiero spirituale».

Consideriamo subito uno scrupolo che può sorgere a chi si dedica a questa pratica, cioè quello di avere qualità del Buddha che in realtà in quel momento non si possiedono. Si tratta di una forma giusta di coscienza meditativa? Sì. La tua mente è impegnata a comprendere la realtà, dalla quale emergi con l'apparenza di una divinità. Da questo punto di vista, dunque, la tua mente si comporta in modo corretto. Inoltre tu immagini *intenzionalmente* di avere un corpo divino, anche se al momento non lo possiedi. Si tratta di una meditazione immaginativa. Nel profondo, in realtà, non sei convinto di possedere davvero una mente, un corpo e un sé puri. Fondandoti sulla chiara immaginazione di un corpo e di una mente ideali, stai piuttosto coltivando la sensazione di essere una divinità che aiuta compassionevolmente gli altri.

Per essere un apprendista *speciale* di Tantra – cioè quel tipo di apprendista per il quale Buddha mise appositamente a punto la pratica del Tantra – il praticante deve essere dotato di grande acume e avere già raggiunto una condizione stabile di saggezza che riconosce la vacuità, oppure essere pronto a una sua rapida attivazione. I requisiti per la pratica più semplice del Tantra, invece, sono meno rigorosi. Tuttavia, indipendentemente dal livello, dedicarsi al Tantra richiede la ferma intenzione di diventare illuminati per il benessere degli altri, e la convinzione che ciò vada fatto in tempi molto brevi.

All'inizio della pratica tantrica, il metodo di base per sviluppare la calma dimorante consiste nel meditare sul proprio corpo come se fosse quello di una divinità. Quando mediti su un corpo divino, mediti anzitutto sulla vacuità, divenendo il più possibile consapevole della vacuità dell'esistenza intrinseca. Una volta abituato a questo stato, userai quella stessa mente come base per l'apparizione della divinità. Riconoscendo la vacuità, la mente appare come la divinità con tutto ciò che la circonda. In sintesi, cominci meditando sulla vacuità, da lì appare la divinità e infine ti concentri su quest'ultima.

Lo yoga della divinità combina così saggezza e motivazione compassionevole; una singola coscienza riconosce la vacuità e inoltre appare compassionevolmente sotto forma di divinità altruistica. Nel sistema dei Sutra, sebbene ci sia un'unione di saggezza e di motivazione compassionevole, la pratica della saggezza è unicamente *influen-*

zata dalla forza della pratica della motivazione, e la pratica della motivazione è unicamente *influenzata* dalla forza della pratica della saggezza; esse non sono contenute all'interno di una coscienza, che è invece un tratto distintivo del Tantra. L'inclusione della motivazione e della saggezza all'interno di una coscienza è ciò che rende così rapido l'avanzamento nell'ambito del Tantra.

Quando ero un ragazzino, il Tantra era semplicemente una questione di fede cieca. All'età di ventiquattro anni abbandonai il mio paese e, dopo essere arrivato in India, cominciai a leggere seriamente le spiegazioni della vacuità date da Tsongkhapa. Poi, una volta trasferitomi a Dharamsala, mi dedicai con maggiore energia allo studio e alla pratica delle fasi del sentiero, della vacuità e del Tantra. Fu dunque soltanto all'età di quasi trent'anni che, dopo avere fatto una certa esperienza della vacuità, riuscii a dare un senso allo yoga della divinità.

Un giorno, nel tempio principale di Dharamsala, stavo eseguendo il rito durante il quale mi immaginavo di essere Guhyasamaja, una divinità del Tantra dello Yoga Supremo. Avevo la mente costantemente fissa sulla recitazione del testo rituale e, quando giunsero le parole «io stesso», mi dimenticai completamente del mio io abituale costituito dalla combinazione della mia mente e del mio corpo. Ebbi al contempo una sensazione molto chiara dell'«io» costituito dalla combinazione nuova e pura della mente e del corpo di Guhyasamaja che mi stavo immaginando. Poiché questo è il genere di autoidentificazione che rappresenta il cuore dello Yoga del Tantra, quell'esperienza mi diede la conferma che, col tempo, sarei sicuramente riuscito a raggiungere gli stati straordinari e profondi citati nelle scritture.

Iniziazione

Per praticare il Tantra è particolarmente importante poter accedere alle benedizioni di grandi esseri precedenti. Anche nella pratica del Sutra esistono le benedizioni, ma nel

Tantra sono fondamentali. La prima porta di accesso a queste benedizioni è l'iniziazione. Ci sono quattro classi di Tantra – il Tantra dell'Azione, dell'Esecuzione, dello Yoga e dello Yoga Supremo – ognuna con iniziazioni specifiche, affinché la mente giunga al punto di maturazione richiesto dalla pratica, e ognuna con meditazioni specifiche.

Dove si riceve l'iniziazione? In un mandala, di cui fanno parte un ambiente ideale e le divinità che vi dimorano, tutte manifestazioni della compassione e della saggezza. Ci sono mandala di diversa complessità per ognuno dei quattro Tantra. Alcuni sono dipinti. Altri vengono creati con sabbie colorate e altri ancora comprendono una categoria particolare di mandala di concentrazione.

Per ricevere l'iniziazione e prendere i voti in un mandala di Tantra dello Yoga o di Tantra dello Yoga Supremo, è necessario che il lama che officia la cerimonia abbia tutti i requisiti necessari. Ognuna delle quattro classi di Tantra dà particolare rilievo agli attributi del lama, in osservanza di quanto Buddha descrisse dettagliatamente in merito ai requisiti dei maestri per le varie fasi del sentiero. Ricordiamo inoltre il suo ammonimento a non affidarsi soltanto alla persona, ma anche alla dottrina. Non bisogna lasciarsi suggestionare dalla reputazione di un lama. E, cosa ancor più importante, il maestro deve conoscere bene la dottrina e le pratiche.

Promesse e voti

Nelle due classi inferiori del Tantra – dell'Azione e dell'Esecuzione – non esistono indicazioni precise sulla necessità di prendere i voti tantrici per via iniziatica; ciò nonostante, molte sono le promesse da mantenere. Nelle due classi superiori del Tantra, quella dello Yoga e quella dello Yoga Superiore, invece, dopo avere ricevuto l'iniziazione in tutti i suoi aspetti, occorre prendere i voti tantrici. Il Tantra dello Yoga e il Tantra dello Yoga Supremo comprendono quattordici voti fondamentali ed elenchi di infrazioni da evitare ma, poiché si tratta di sentieri diversi, anche i voti fondamentali sono leggermente diversi. Dato che la pratica del Tantra prevede soprattutto il superamento dell'*apparenza* ordinaria di te stesso e di ciò che ti circonda (così da superarne la *concezione* in termini di ordinarietà), visualizzi te stesso con il corpo, le azioni compassionevoli, le risorse e la dimora di un Buddha. Molte delle promesse riguardano dunque la sostituzione delle apparenze ordinarie con quelle ideali, e il trattenerti dal considerare te stesso, i tuoi compagni, il tuo ambiente e le tue azioni come qualcosa di ordinario.

A parte il voto specifico della liberazione individuale, che dura soltanto ventiquattro ore, tutti gli altri voti di liberazione individuale vengono presi per tutta la vita (anche se è possibile sciogliere i voti e rinunciare alla propria ordinazione). I voti tantrici e quelli del Bodhisattva si estendono invece fino al momento della più elevata illuminazione, a meno che non sia stata commessa un'infrazione fondamentale.

Anzitutto si adotta l'etica della liberazione individuale, poi l'etica del Bodhisattva e infine l'etica tantrica. I laici che prendono i voti del Bodhisattva e i voti tantrici si attengono a una versione laica dei voti di liberazione individuale. Il *Tantra Kalachakra,* che fiorì in India nell'XI secolo e divenne uno dei Tantra principali delle Nuove scuole di traduzione in Tibet, afferma che se ci sono tre maestri di Tantra, uno con i voti del laico, l'altro con i voti del monaco novizio, e il terzo con i voti di un monaco maturo. La persona che ha preso i voti del monaco maturo va considerata più elevata delle altre. Ciò indica l'alta considerazione in cui anche questo sistema tantrico tiene l'etica monastica. Il *Tantra Guhyasamaja* afferma che esteriormente bisogna attenersi alla disciplina della pratica della liberazione individuale e interiormente mantenere l'affinità con la pratica del Tantra. In tal modo le pratiche del Sutra e del Tantra interagiscono.

Il ricorso al sesso nel sentiero

Iniziamo prendendo in considerazione, nel contesto del Tantra, il ruolo del desiderio sessuale nel sentiero, prendendo in considerazione la proibizione della cattiva condotta sessuale nell'etica della liberazione individuale, interamente basata sul principio dell'astenersi dal fare del male. La cattiva condotta sessuale viene definita con dovizia di particolari in *Tesoro della conoscenza manifesta* di Vasubandhu. Nel caso di un uomo il divieto riguarda la convivenza con la moglie di un altro o con qualcuno che è affidato alla famiglia di lei. Nel caso di una donna la situazione è la stessa: il divieto riguarda la coabitazione con il marito di un'altra o con qualcuno affidato alla famiglia di lui. Alcuni hanno suggerito, ma l'ipotesi è ridicola, che poiché il testo di Vasubandhu spiega le dieci non-virtù dal punto di vista maschile, se una donna pratica le dieci non-virtù non è colpevole: non vi sarebbero dunque divieti che riguardano il sesso femminile!

I buddhisti ritengono che il rapporto sessuale possa essere utilizzato nel percorso spirituale poiché, se chi lo pratica ha raggiunto un atteggiamento compassionevole e una saggezza stabili, esso determina una forte focalizzazione della coscienza. Ha il compito di rendere manifesti per lungo tempo i livelli più profondi della mente (descritti precedentemente a proposito del processo della morte), in modo che la loro intensità favorisca la comprensione della vacuità. Il rapporto sessuale non ha altrimenti nulla a che vedere con lo sviluppo della spiritualità. Quando un individuo ha raggiunto uno stadio elevato nella pratica della motivazione e della saggezza, allora anche l'unione di due organi sessuali, il cosiddetto amplesso, non intacca la purezza del comportamento di quell'individuo. Gli yogi che hanno raggiunto un livello elevato nel sentiero, e che sono particolarmente esperti, possono dedicarsi all'attività sessuale, ed esistono monaci capaci di praticare tale attività mantenendo intatti tutti i precetti.

Un adepto di uno yogi tibetano, criticato da un suo compagno perché mangiava carne e beveva birra, sostenne che lo faceva come offerta alla divinità del mandala. Tali praticanti del Tantra si visualizzano come divinità all'interno di un mandala completo, con la consapevolezza che la divinità ultima è la beatitudine ultima, l'unione di beatitudine e di vacuità. Disse inoltre che per lui la pratica del sesso era finalizzata allo sviluppo di una conoscenza vera. E tale infatti è il proposito. Un praticante di questo genere non solo può consumare carne e bevande gradevoli, ma anche cibarsi di escrementi e di urina umana. La meditazione di uno yogi trasforma tali sostanze in vera ambrosia. Per persone come noi, però, si tratta di obiettivi irraggiungibili.

Proprio per questo motivo Buddha stabilì una sequenza specifica di fasi del sentiero. La fase preliminare consiste nell'addestramento ai voti della liberazione individuale. Se sei un monaco o una suora, la tua condotta avrà una base più solida, poiché il pericolo di distrarti in modo eccessivo è ridotto al minimo. Anche se non riesci a osservare del tutto i voti, i rischi sono molto bassi. Non devi fare altro che praticare il più possibile. Una volta sviluppata la forza interiore, potrai controllare i quattro elementi interni: terra, acqua, fuoco e vento (gli elementi sono cinque, se si include lo spazio interiore). Una volta acquisito il controllo completo di questi elementi, sarai in grado di controllare i cinque elementi esterni. A questo punto puoi servirti di qualsiasi cosa.

Che aiuto fornisce il rapporto sessuale nell'ambito del sentiero? Ci sono livelli di coscienza molto diversi. Il potenziale dei livelli più superficiali è limitato mentre i livelli più profondi, più sottili, sono molto potenti. È a questi ultimi che dobbiamo accedere. Per farlo, tuttavia, occorre indebolire e bloccare temporaneamente la coscienza più superficiale. Per riuscirci è necessario provocare forti cambiamenti nel flusso delle energie interiori. Anche se si può accedere a esperienze limitate dei livelli più profondi della mente starnutendo e sbadigliando, questi stati ovviamente non possono essere prolungati. Inoltre, per utilizzare i livelli più sottili al fine di servirsene quando si manifestano durante il sonno profondo, è necessario averne già fatto esperienza. È qui che può entrare in gioco la pratica sessuale. Grazie a speciali tecniche di concentrazione adottate durante l'amplesso, i praticanti esperti sono in grado di prolungare gli stati più profondi, sottili e potenti, e attraverso questi diventare consapevoli della vacuità. Se ci si dedica invece all'attività sessuale in un contesto mentale normale, non se ne trae alcun giovamento.

Un Buddha non sa che farsene di un rapporto sessuale. Le divinità dei mandala sono spesso raffigurate mentre si uniscono con una donna, ma ciò non deve indurre a credere che i Buddha ricorrano al rapporto sessuale per raggiungere la beatitudine. I Buddha hanno in loro stessi la beatitudine assoluta. Nei mandala le divinità vengono rappresentate mentre si uniscono sessualmente a beneficio degli individui con facoltà particolarmente sviluppate che possono servirsi di un consorte e della beatitudine dell'unione sessuale per praticare il percorso rapido del Tantra. Più o meno allo stesso modo, il Buddha tantrico Vajradhara appare in atteggiamenti sia pacifici che irati, ma ciò non significa che tali atteggiamenti facciano parte della sua personalità. Vajradhara è sempre e totalmente compassionevole. Appare tuttavia in forme diverse per il bene dei praticanti. Vajradhara appare semplicemente nel modo in cui il praticante deve meditare quando nel corso del sentiero ricorre a emozioni afflittive, come la bramosia o l'odio. Per contenere emozioni così forti, i praticanti non possono immaginare di avere il corpo pacifico dello Shakyamuni Buddha. È necessario lo yoga della divinità. Poiché, ad esempio, nel caso dell'odio è necessario meditare sul proprio corpo nelle sembianze della violenza, Vajradhara appare appositamente sotto tale forma, mostrando così al praticante come deve meditare. Lo stesso vale per lo yoga sessuale: i praticanti in grado di utilizzare la beatitudine che deriva dal desiderio di osservarsi, di sorridersi, di tenersi per mano o di unirsi carnalmente, devono praticare lo yoga della divinità appropriato, non possono immaginarsi come Shakyamuni, che è un monaco. Compito delle varie apparizioni di Vajradhara non è di spaventare i praticanti né di suscitare in loro il desiderio, ma di mostrare come eseguire la meditazione immaginativa in quelle forme, così da giungere a superare le emozioni afflittive.

Un Buddha è in grado di comparire spontaneamente, senza sforzo, nel modo più appropriato. La forma di queste apparizioni è modellata secondo le necessità degli altri, e non per il bene di quel Buddha. Se si considera tale forma con gli occhi di un Buddha, quel Buddha ha pienamente realizzato il proprio Corpo di Verità, che sarà per sempre la sua dimora.

❖ ❖ ❖

Ricorda che l'etica tantrica si fonda sull'etica della liberazione individuale e sull'etica della compassione. Scopo del Tantra è l'acquisizione della buddhità attraverso un sentiero più veloce, così da essere più celermente disponibili a servire gli altri.

❖ ❖ ❖

Riepilogo per la pratica quotidiana

Poiché la pratica del Tantra consiste principalmente nel trasformare il modo in cui vedi te stesso, i tuoi simili, il tuo ambiente e le tue attività, può rivelarsi utile che ti visualizzi dotato di una motivazione compassionevole, di un corpo puro e di una condotta che sia di beneficio agli altri.

Parte sesta

Passi lungo il sentiero

XII

Visione complessiva della via che conduce all'illuminazione

Avanzamento graduale

Come fa un praticante a progredire gradualmente verso la buddhità, coltivando con la meditazione le vie della motivazione e della saggezza? Nel *Sutra del cuore*, Buddha esprime i livelli della via con una concisa e profonda affermazione: *Tadyata gate gate paragate parasamgate bodhi svaha*, che significa: «È così: procedi, procedi, procedi oltre, procedi completamente oltre, poni le tue basi nell'illuminazione». Esaminiamo la frase più da vicino, cominciando con la prima parola *gate* («procedi» o «vai»). Chi compie l'atto di procedere? È l'io o il sé che viene qui designato nella sua dipendenza dal *continuum* della mente. Da che cosa ti stai allontanando? Ti stai allontanando dall'esistenza ciclica, lo stato in cui si è influenzati da azioni contaminate e da emozioni controproducenti. Verso che cosa stai procedendo? Stai procedendo verso la buddhità dotato di un Corpo di Verità, libero per sempre dalla sofferenza e dalle origini della sofferenza (le emozioni afflittive), così come dalle predisposizioni create dalle emozioni afflittive. Da quali cause e condizioni dipendi nel tuo procedere? Nel tuo procedere dipendi da un sentiero in cui si uniscono compassione e saggezza.

Buddha sta dicendo a coloro che si sottopongono all'addestramento di raggiungere l'altra sponda. Dal punto di vista del novizio l'esistenza ciclica è la più vicina, è a portata di mano. Sulla sponda più lontana, molto distante, c'è il nirvana, lo stato di chi ha superato la sofferenza.

Le cinque vie

Quando Buddha dice: *Tadyata gate gate paragate parasamgate bodhi svaha* («È così: procedi, procedi, procedi oltre, procedi completamente oltre, poni le tue basi nell'illuminazione»), sta dicendo ai novizi di percorrere le cinque vie:

gate – la via dell'accumulazione
gate – la via della preparazione
paragate – la via del vedere
parasamgate – la via della meditazione
bodhi – la via del non apprendere oltre

Individuiamo ora qual è la natura del percorso spirituale lungo queste cinque vie:

1. Che cos'è la via iniziale o *via dell'accumulazione*? Si tratta del periodo in cui si pratica soprattutto la motivazione altruistica, accumulando così meriti in grande quantità. Sebbene tu stia coltivando l'unione di motivazione e di saggezza, la tua comprensione della vacuità non ha ancora raggiunto il livello in cui la meditazione stabilizzante e la meditazione analitica si rafforzano a vicenda, livello chiamato «stato sorto dalla meditazione». Lungo questa via raggiungi una meditazione fortemente concentrata, e lavori su uno stato derivato dalla meditazione che comprende la vacuità.
2. Nel momento in cui raggiungi una condizione di saggezza derivata dalla meditazione che comprende la vacuità, passi alla *via della preparazione*. Prendendo progressivamente confidenza con questo stato, e coltivando contemporaneamente la motivazione compassionevole, giungi gradualmente a percepire con maggiore chiarezza l'apparenza del vuoto lungo i quattro stadi della via della preparazione (calore, culmine, tolleranza e somme qualità mondane).

3. Alla fine la vacuità viene colta direttamente, senza neppure la più sottile contaminazione dovuta all'apparenza dualistica, che è ormai svanita. Questo è l'inizio della *via del vedere*, la via della comprensione diretta della verità sulla natura profonda dei fenomeni. A questo punto, nel Grande Veicolo, cominciano i dieci livelli del Bodhisattva (chiamati «campi» poiché in essi si generano qualità spirituali specifiche). Durante la via del vedere e la via della meditazione si superano rispettivamente due tipi di ostacoli, quelli acquisiti intellettualmente e quelli innati. Gli stati mentali acquisiti intellettualmente sorgono in seguito all'adesione a falsi sistemi. Ci sono ad esempio seguaci di alcune scuole buddhiste che credono nell'esistenza convenzionale dei fenomeni per via del loro carattere. Costoro si basano sul «ragionamento» infondato, secondo il quale se la natura dei fenomeni non fosse questa, essi non potrebbero avere funzioni. Tale concezione erronea, basata su un sistema di principi sbagliati, è detta artificiale, o acquisita intellettualmente. Pur non avendo acquisito nuove predisposizioni, dovute a un pensiero concettuale erroneo sviluppato in questa esistenza, ognuno di noi porta nel proprio *continuum* mentale predisposizioni formatesi nel corso di esistenze precedenti con l'adesione a punti di vista sbagliati.
   Gli stati mentali erronei innati, invece, esistono da tempo immemorabile in tutti gli esseri senzienti – negli insetti come negli esseri umani – e operano spontaneamente, indipendentemente da scritture e ragionamenti erronei.
4. Gli ostacoli acquisiti intellettualmente, o artificiali, vengono eliminati lungo la via del vedere, mentre quelli innati sono più difficili da superare (poiché siamo condizionati da questi stati mentali erronei). Devono essere rimossi con la meditazione continua sul significato della vacuità. Poiché tale meditazione deve essere ripetuta sistematicamente per un lungo arco di tempo, que-

sta fase della via è chiamata *via della meditazione*. Già in precedenza hai meditato sulla vacuità, ma la via della meditazione fa riferimento a un percorso di familiarizzazione più ampio.
A questo livello si attraversano i restanti nove campi del Bodhisattva. Dei dieci campi, i primi sette sono detti impuri, gli ultimi tre puri. Ciò dipende dal fatto che nei primi sette campi si è ancora dediti a rimuovere gli ostacoli afflittivi. Si tratta dunque di campi non ancora purificati. Nella prima parte dell'ottavo campo si rimuovono le emozioni afflittive. L'equilibrio di ottavo, nono e decimo campo permette di superare gli ostacoli che ci separano dall'onniscienza.

5. Essendoci però ancora alcuni ostacoli da superare per raggiungere la suprema quiete, è infine possibile, grazie alla meditazione concentrata e adamantina che si raggiunge alla fine dei dieci campi del Bodhisattva, rimuovere con successo queste ultime sottili barriere che ci separano dall'onniscienza. Nell'istante immediatamente successivo la mente diventa coscienza onnisciente, e simultaneamente la natura profonda della mente diventa Corpo della Natura di un Buddha. Questa è la quinta e ultima via, la *via del non apprendere oltre*. Dal vento, o energia sottile – un'unica entità insieme a quella mente –, sgorgano spontaneamente varie forme fisiche, pure e impure, che vengono in aiuto agli esseri senzienti. Esse sono chiamate Corpi di Forma di un Buddha. Questa è la buddhità, stato in cui si è fonte di aiuto e di felicità per tutti gli esseri.

Permettetemi ora di dedicare qualche riga per chiarire un malinteso riguardo alla questione se una donna possa raggiungere o meno la buddhità. Nel Sutra Grande Veicolo non si afferma che per una donna è impossibile raggiungere la buddhità. I testi tuttavia dichiarano che, durante le pratiche per accumulare merito nel corso di tre periodi di grandi eoni infiniti, si giunge a un punto in cui il karma al quale si sta lavorando matura con le fattezze e la bellezza di un Buddha. In questo momento, secondo il Sutra Grande Veicolo, è di aiuto avere un grande sostegno fisico, ed è dunque naturale assumere un corpo maschile. Quei testi affermano inoltre che nel corso dell'ultima esistenza prima del raggiungimento della buddhità, è necessario avere un corpo maschile. Tuttavia il Tantra dello Yoga Supremo, che consideriamo la pratica finale, dice che non solo una donna può raggiungere la buddhità, ma che lo può fare nel corso della sua attuale esistenza.

Le qualità della buddhità

In tutte le forme del buddhismo, fondamento della pratica è la liberazione dall'esistenza ciclica. Nel Grande Veicolo, inoltre, si è motivati dall'intenzione rivolta all'altro di raggiungere l'illuminazione. Nel Tantra, grazie alle tecniche volte a potenziare lo sviluppo della meditazione concentrata, ossia l'unione della calma dimorante e della visione speciale, si può conseguire lo stato della buddhità nel quale tutti gli ostacoli – gli ostacoli afflittivi, che impediscono la liberazione dall'esistenza ciclica, e gli ostacoli all'onniscienza, che impediscono la buddhità – sono stati rimossi.

Le qualità di un Buddha sono descritte come «corpi» che possono essere divisi in due tipi generali:

- Il Corpo di Verità, per la realizzazione del tuo benessere.
- I Corpi di Forma, per la realizzazione del benessere degli altri.

I Corpi di Forma possono a loro volta essere divisi in base a come appaiono agli esseri a livelli diversi di purezza e di impurità: i praticanti a un livello molto avanzato sono in grado di accedere al corpo del Completo Godimento. I praticanti di altri livelli sperimentano una grande varietà di Corpi di Emanazione. Il Corpo di Verità, invece, si può dividere in due tipi, il Corpo di Natura e il Corpo di Saggezza Sublime. Il Corpo di Natura può essere ulteriormente suddiviso in uno stato di purificazione naturale e in uno stato di purificazione dalle contaminazioni accidentali (o causate). Il Corpo di Verità di Saggezza Sublime si può ulteriormente ripartire secondo punti di vista estremamente diversi. In *Ornamento per le chiare realizzazioni* di Maitreya si specificano ventuno serie di saggezza incontaminata e sublime, suddivisibili a loro volta in centoquarantasei serie.

Praticare nel lungo periodo

Abbiamo finora brevemente spiegato: il campo (le due verità, quella convenzionale e quella ultima); i sentieri di quel campo (la motivazione e la saggezza); i frutti dei sentieri (i Corpi di Forma e i Corpi di Verità di un Buddha). Questa visione complessiva della struttura della pratica è utile, ma è necessario ricordare che la consapevolezza deriva da molte cause e condizioni – una corretta comprensione, l'accumulazione di merito e il superamento degli ostacoli. Se non hai già accumulato merito e purificato le azioni negative, è difficile giungere alla consapevolezza tentando semplicemente di meditare. Perciò è importante affrontare ognuno dei prerequisiti.

I prerequisiti non si raggiungono semplicemente enumerandoli o con un ritiro di tre anni e tre fasi lunari (come qualcuno potrebbe immaginare, visto che questa è la durata di molti ritiri), o di qualsiasi altro periodo di tempo. Devi invece accumulare merito e superare gli ostacoli finché non si generano certe forme di comprensione. Potresti dedicarci anche l'intera esistenza, nella prospettiva di migliorare le vite future. Talvolta, per una mancanza di conoscenza, coloro che fanno lunghi ritiri finiscono per ritenersi fieri del semplice fatto di avere portato a compimento il ritiro. L'aumento di orgoglio porta a un aumento di rabbia, di gelosia e di competitività. Lo stesso può succedere con una conoscenza puramente intellettuale della dottrina. Non è facile, le emozioni afflittive giocano brutti scherzi.

La pratica non è qualcosa che si fa per un paio di settimane o per un paio di anni, ma si sviluppa nel corso di varie esistenze, e dura vari eoni. Come abbiamo visto, alcuni testi sostengono che si raggiunge l'illuminazione dopo avere accumulato merito e saggezza per tre periodi di grandi eoni infiniti. Se rifletti adeguatamente su tale enunciato, esso ti incoraggerà a fronteggiare le circostanze difficili con atteggiamento paziente e tenace. Se apprendere questa notizia ti intristisce, ciò dipende forse dal tuo desiderio di conseguire la buddhità velocemente dimostrando una grande attenzione verso gli altri. Potrebbe però anche essere un segno di mancanza di coraggio. Non si raggiunge l'illuminazione senza un duro lavoro. Se la pensi diversamente, stai alimentando una qualche forma di egoismo.

Questo è il processo del sentiero nella sua interezza. I tibetani non avranno grandi ricchezze materiali, ma sono ricchi spiritualmente! Le buone intenzioni dichiarate dalle varie religioni non bastano: dobbiamo attuarle nella vita quotidiana, nella società. Potremo allora conoscere il vero valore dei loro insegnamenti. Se ad esempio un buddhista medita in un tempio ma, una volta uscito, non mette in pratica quegli ideali contemplativi, ciò non è bene. Dobbiamo praticare nella vita di tutti i giorni.

Il vero valore della pratica diventa visibile quando dobbiamo affrontare un momento difficile. Quando siamo felici e tutto procede per il meglio, praticare non ci sembra così necessario, ma quando ci troviamo a fronteggiare eventi tragici e ineluttabili come la malattia, la vecchiaia, la morte o altre situazioni disperate, diventa essenziale controllare le emozioni e utilizzare le facoltà positive della nostra mente per decidere come far fronte alle difficoltà con pazienza e calma.

Se pratichiamo in questo modo, la nostra prima aspettativa è di riuscire a superare le circostanze difficili in cui ci troviamo; e se anche questo non accade, gli eventi non saranno comunque in grado di turbare la nostra pace mentale. Niente male, vero? Si affronta la situazione e si mantiene la calma mentale – senza assumere droghe né tentare di scacciare le preoccupazioni. Il motivo per cui siamo così interessati ai week end e alle vacanze è che per cinque giorni alla settimana siamo impegnatissimi, lavoriamo duro per guadagnare denaro e poi con quei soldi non vediamo l'ora di spostarci in qualche località lontana per divertirci! Ciò significa tentare di allontanare dalla mente i problemi. Ma i problemi sono sempre lì.

Coltivando invece un atteggiamento mentale positivo non sarà necessario cercare distrazioni. Se sei in grado di affrontare la situazione e di analizzare i problemi, essi si scioglieranno progressivamente come un grande blocco di ghiaccio nell'acqua. Se la tua pratica è sincera ne sperimenterai il vero valore.

Secondo quanto ha detto Buddha, il suo insegnamento durerà per cinquemila anni. Trascorsi quei cinquemila anni, qualcuno, vale a dire una reincarnazione dello stesso Buddha, lo distruggerà poiché, giunto quel giorno, l'insegnamento non avrà più alcuna importanza. Ci sono tuttavia miliardi di sistemi planetari come il nostro, ognuno dei quali contiene infiniti miliardi di mondi. In alcuni di essi l'insegnamento è appena stato introdotto, in altri sta scomparendo. L'insegnamento comunque è presente in ogni tempo. Come i Buddha, non svanisce mai.

❖ ❖ ❖

Riepilogo complessivo per la pratica quotidiana

Riportiamo qui di seguito le indicazioni per la pratica quotidiana contenute nell'intero volume. Concentrati su quelle che ritieni adatte al tuo attuale livello. Oppure alterna pratiche diverse nel corso di una settimana. Se avrai pazienza, nel corso del tempo le pratiche diventeranno progressivamente più familiari, e la tua vita più piena.

L'etica della liberazione individuale

1. Esamina le motivazioni da cui sei animato più frequentemente. Prima ancora di scendere dal letto al mattino, predisponiti a un atteggiamento non violento e non offensivo. Alla sera prendi in esame quanto hai fatto nel corso della giornata.

2. Presta attenzione a quanta sofferenza è presente nella tua vita:

   - C'è il dolore fisico e mentale derivante dalla malattia, dall'invecchiamento e dalla morte, che naturalmente cerchi di evitare.
   - Ci sono esperienze passeggere, come ad esempio mangiare del buon cibo, che sembrano di per sé piacevoli ma che, se ti abbandoni a esse senza sosta, si trasformano in dolore: questa è la sofferenza del cambiamento. Quando una situazione passa dal piacere al dolore, rifletti sul fatto che ti si è rivelata la natura profonda di quello che in origine era un piacere. L'attaccamento a piaceri così superficiali non potrà che produrre altro dolore.
   - Rifletti sul fatto che sei prigioniero di un processo pervasivo di condizionamento che, anziché essere sotto il tuo controllo, subisce l'influsso del karma e delle emozioni afflittive.

3. Elabora gradualmente una visione più profonda e realistica del corpo, prendendo in considerazione le parti che lo compongono: la pelle, il sangue, la carne, le ossa e così via.
4. Analizza attentamente la tua esistenza. Se lo fai, difficilmente sprecherai la tua vita diventando un automa o ricercando il denaro come se fosse la via per la felicità.
5. Di fronte alle difficoltà assumi un atteggiamento positivo. Immagina che affrontando con levità una situa-

zione difficile previeni conseguenze più gravi, derivanti da ulteriori karma di cui in futuro potresti fare esperienza. Come esercizio mentale fatti carico della sofferenza di tutti coloro che sono destinati a provare un dolore simile.

6. Valuta periodicamente i possibili effetti negativi e positivi di pulsioni quali la rabbia, la bramosia, la gelosia e l'odio. Quando risulterà evidente che hanno effetti assai dannosi, procedi nell'analisi. Il tuo convincimento si rafforzerà in modo progressivo. Ad esempio se rifletti ripetutamente sugli svantaggi della rabbia, capirai che la rabbia è un sentimento insensato. Giungere a tale conclusione produrrà in te una diminuzione graduale della rabbia.
7. Dopo avere individuato le varie forme della sofferenza indaga sulle sue cause o origini, e identifica nell'ignoranza della vera natura delle persone e delle cose l'origine della sofferenza, che dà adito alla bramosia, all'odio, e così via. Renditi consapevole del fatto che la sofferenza può essere eliminata dalla sfera della realtà. Rifletti sul fatto che è con la pratica dell'etica, della meditazione concentrata e della saggezza – i veri sentieri – che si ottiene la vera cessazione.
8. Prendi coscienza del tuo attaccamento al cibo, ai vestiti e alla casa, e adatta alla vita laica le pratiche monastiche che insegnano ad accontentarsi. Ritieniti soddisfatto di avere cibo e abiti a sufficienza e una casa dignitosa. Usa il tempo libero che ti rimane a disposizione per meditare, così da essere in grado di superare un numero sempre maggiore di problemi.
9. Coltiva un forte desiderio di astenerti dal fare del male agli altri, fisicamente e verbalmente, anche quando vieni messo in difficoltà, insultato, oltraggiato, tiranneggiato o aggredito.

Esegui la visualizzazione in cinque fasi per sviluppare la compassione:

1. Sii calmo e lucido.
2. Davanti a te, sulla destra, immagina un altro te stesso, egoista e concentrato sul proprio benessere.
3. Davanti a te, sulla sinistra, immagina un gruppo di poveri, di esseri sofferenti che non hanno con te alcun rapporto, che non ti sono né amici né nemici.
4. Osserva queste due immagini dal tuo punto di vista privilegiato perché contraddistinto dalla calma. Adesso pensa: «Entrambi vogliono la felicità. Entrambi vogliono liberarsi della sofferenza. Entrambi hanno il diritto di raggiungere questi obiettivi».
5. Rifletti su quanto segue: come siamo solitamente disposti a fare sacrifici temporanei per un bene di cui godremo in un futuro più lontano, così il beneficio dei molti esseri sofferenti alla tua sinistra è molto più importante di quell'unico individuo egoista che sta alla tua destra. Osserva come la tua mente si volga naturalmente verso l'immagine di sinistra.

Officia il rito di aspirazione all'illuminazione. Innanzitutto segui le sette fasi preliminari:

1. *Rendi omaggio* a Shakyamuni Buddha circondato da innumerevoli Bodhisattva, immaginandoteli che occupano il cielo davanti a te.
2. *Offri* tutte le cose meravigliose – che siano o meno di tua proprietà – incluso il corpo, le risorse e la virtù, ai Buddha e ai Bodhisattva.
3. *Confessa* le innumerevoli cattive azioni che hai compiuto con il corpo, la parola e la mente, nel desiderio di fare del male agli altri. Pentiti per averle commesse e impegnati ad astenertene in futuro.

4. *Ammira* dal profondo del cuore le tue e le altrui virtù. Gioisci delle buone azioni che hai compiuto in questa vita e in quelle precedenti, pensando: «Ho compiuto buone azioni». Gioisci delle virtù degli altri, incluse quelle dei Buddha e dei Bodhisattva.
5. *Prega* i Buddha che, pur avendo raggiunto l'illuminazione piena, non si sono ancora dedicati all'insegnamento, di cominciare a farlo per il bene di coloro che soffrono.
6. *Supplica* i Buddha di non morire.
7. *Dedica* le sei pratiche precedenti al raggiungimento della più elevata illuminazione.

Affronta quindi la parte centrale del rito per aspirare all'illuminazione:

1. Fortemente determinato a raggiungere la buddhità per servire gli altri esseri, immagina di avere di fronte un Buddha o il tuo maestro spirituale come suo rappresentante.
2. Recita tre volte quanto segue, come se lo stessi ripetendo dopo averlo sentito da lui:

Finché non avrò raggiunto l'illuminazione cerco rifugio in Buddha, nella dottrina e nella comunità spirituale suprema.

Grazie ai meriti ottenuti con ciò che ho donato, con l'etica, la pazienza, l'impegno, la concentrazione e la saggezza, possa io conseguire la buddhità per aiutare tutti gli esseri.

Per conservare e rafforzare un profondo altruismo nel corso di questa esistenza, fai quanto segue:

1. Ricorda ripetutamente i benefici derivanti dal coltivare l'intenzione di diventare illuminato per il bene degli altri.
2. Dividi il giorno e la notte in tre parti e all'inizio di ognuna di esse dedica un momento, anche interrompendo il sonno, per praticare la visualizzazione in cin-

que fasi illustrata nel capitolo precedente. È sufficiente visualizzare le cinque fasi per tre volte in una seduta mattutina di circa quindici minuti e tre volte in una seduta serale della stessa durata.
3. Evita di trascurare mentalmente il benessere di anche un solo essere.
4. Nei limiti del possibile, dedicati ad attività virtuose con un atteggiamento positivo e cerca di raggiungere una comprensione, anche generica, della vera natura della realtà, oppure mantieni l'intenzione di farlo e impegnati in tal senso.

1. Non mentire mai a nessuno, a meno che, grazie alla menzogna, tu non possa offrire ad altri un grande aiuto.
2. Aiuta direttamente o indirettamente il prossimo a progredire verso l'illuminazione.
3. Tratta tutti gli esseri con rispetto.
4. Non ingannare mai nessuno e mantieniti sempre onesto.

In sintesi, pensa costantemente: «Possa io diventare capace di aiutare tutti gli esseri».

Meditazione concentrata

1. Scegli un oggetto di meditazione e concentra la mente su di esso cercando di raggiungere e di mantenere stabilità, chiarezza e intensità. Evita gli stati di fiacchezza ed eccitazione.
2. In alternativa, individua la natura essenziale di luminosità e di saggezza della mente non contaminata dal pensiero. Aiutandoti con la consapevolezza e l'introspezione mantieniti in quello stato. Se sorge un pensiero, osservalo semplicemente nella sua natura profonda: esso si indebolirà e si dissolverà spontaneamente.

Saggezza

Prova il seguente esercizio per comprendere come oggetti ed esseri vengano percepiti falsamente:

1. Osserva come appare un oggetto, ad esempio un orologio, nel momento in cui lo noti per la prima volta in un negozio. Poni attenzione a come la sua apparenza cambi e diventi ancora più concreta quando esso suscita il tuo interesse, considera infine il suo modo di apparire dopo che lo hai comperato, quando lo ritieni tuo.
2. Rifletti sul fatto che tu stesso appari alla tua mente come dotato di esistenza intrinseca. Poi rifletti su come gli altri e i loro corpi appaiano alla tua mente.
3. Rifletti spesso sull'origine dei fenomeni, che dipende da cause e condizioni, e cerca di considerare come ciò sia in contraddizione con l'esistenza apparentemente ben definita e autonoma di cose e persone che sembrano esistere per loro diritto, intrinsecamente. Se sei incline al nichilismo, rifletti maggiormente sull'origine-dipendente. Se, concentrandoti su cause e condizioni, tendi a rafforzare la tua credenza nell'esistenza intrinseca dei fenomeni, poni maggiore attenzione al fatto che la loro dipendenza contraddica un'apparenza così coesa. Inizialmente oscillerai continuamente tra i due estremi e ci vorrà del tempo per trovare la vera via di mezzo.

Inoltre:

1. Riconosci la natura luminosa e conoscente della mente non offuscata dai pensieri.
2. Sonda ripetutamente la natura più profonda della mente così da scoprire in essa l'assenza di esistenza intrinseca, la vacuità, riflettendo sulla dipendenza della mente da cause e condizioni e dalle parti – incluso il fatto che

ogni frazione di tempo che attraversa la mente dipende da porzioni passate e future di quello stesso lasso di tempo.

3. Cerca di cogliere l'armonia tra apparenza della mente e la sua vacuità di esistenza intrinseca; osserva come queste si sostengano a vicenda.

Il Tantra

Poiché la pratica del Tantra consiste principalmente nel trasformare il modo in cui vedi te stesso, i tuoi simili, il tuo ambiente e le tue attività, può rivelarsi utile che ti visualizzi dotato di una motivazione compassionevole, di un corpo puro e di una condotta che sia di beneficio agli altri.

❖ ❖ ❖

Sebbene le mie conoscenze e la mia esperienza siano limitate, ho fatto del mio meglio per aiutarti a capire l'insegnamento di Buddha in tutta la sua ampiezza. Ti invito a praticare tutto ciò che di queste pagine ti sembra utile, anche se professi un'altra religione. Se ritieni invece che le mie indicazioni non ti saranno di alcuna utilità, non fare nulla.

Letture consigliate

S.S. il Dalai Lama, Tenzin Gyatso, *Benevolenza, chiarezza e introspezione*, Roma, Ubaldini, 1985.
–, *Il senso dell'esistenza*, Milano, Rizzoli, 1997.
–, *I sentieri della sapienza e dell'incanto. Lezioni all'Università di Harvard*, Milano, Mondadori, 2001.
Hopkins, Jeffrey, *Buddhist Advice for Living and Liberation: Nagarjuna's Precious Garland*, Ithaca, NY, Snow Lion Publications, 1998.
Lopez, Donald S., *The Heart Sutra Explained*, Albany, NY, State University of New York Press, 1988.
Nagarjuna, *La preziosa ghirlanda*, Roma, Ubaldini, 1976.
Shantideva, *La via del Bodhisattva*, Pomaia, Chiara Luce Edizioni, 1999.
Thurman, Robert (a cura di), *Vita e insegnamenti di Lama Tzong Khapa*, Pomaia, Chiara Luce Edizioni, 1998.

Questo volume è stato impresso
nel mese di ottobre dell'anno 2004
presso Mondadori Printing S.p.A.
Stabilimento NSM - Cles (TN)

Stampato in Italia - Printed in Italy